FRIEDRICH MÜLLER

**Fragment (über)
Verfassunggebende Gewalt des Volkes**

Schriften zur Rechtstheorie

Heft 172

Fragment (über) Verfassunggebende Gewalt des Volkes

Elemente einer Verfassungstheorie V

Von

Friedrich Müller

Herausgegeben von

Dr. phil. Klaus Rohrbacher

Duncker & Humblot · Berlin

Die Deutsche Bibliothek – CIP-Einheitsaufnahme

Müller, Friedrich:
Elemente einer Verfassungstheorie / von Friedrich Müller. –
Berlin : Duncker und Humblot.
   (Schriften zur Rechtstheorie ; . . .)
   Literaturangaben

   5. Müller, Friedrich: Fragment (über) verfassunggebende
   Gewalt des Volkes. – 1995

Müller, Friedrich:
Fragment (über) verfassunggebende Gewalt des Volkes / von
Friedrich Müller. Hrsg. von Klaus Rohrbacher. – Berlin :
Duncker und Humblot, 1995
   (Elemente einer Verfassungstheorie ; 5)
   (Schriften zur Rechtstheorie ; H. 172)
   ISBN 3-428-08186-2
NE: GT

Alle Rechte vorbehalten
© 1995 Duncker & Humblot GmbH, Berlin
Fremddatenübernahme und Druck:
Berliner Buchdruckerei Union GmbH, Berlin
Printed in Germany
ISSN 0582-0472
ISBN 3-428-08186-2

Inhalt

Einleitung des Herausgebers 7

I. Verfassunggebende Gewalt: nicht Ideologie, sondern Rechtsfrage
(Abschnitte 1-16) 11

II. Rechtsfrage: Verfahrensrecht
(Abschnitte 17-22) 23

III. Rechtsfrage: materielles Recht
(Abschnitte 23-51) 34

Verfassunggebende Gewalt des Volkes: „Verfassung"
(Abschnitte 25-26) 36

Verfassunggebende Gewalt des Volkes: „Geben"
(Abschnitt 27) 36

Verfassunggebende Gewalt des Volkes: „Volk"
(Abschnitte 28-33) 38

Verfassunggebende Gewalt des Volkes: „Gewalt"
(Abschnitte 34-43) 48

Weitere Fragen zur Legitimität
(Abschnitte 44-51) 68

IV. Das Ungelöste
(Abschnitt 52) 87

Einleitung des Herausgebers

I.

Von Müllers Schrift über die verfassunggebende Gewalt des Volkes blieb nur dieses Fragment erhalten. Das umfangreiche Buchmanuskript ist verloren.[1] Von zwei inzwischen noch aufgefundenen Forschungsprogrammen zu Fragen der Verfassungstheorie wird das ausführlichere – die Problemskizze zur verfassunggebenden Gewalt[2] – hier vorgestellt.

II.

Abgesehen von diesem eher äußerlichen Umstand, bestimmt das Fragmentarische aber auch emphatisch die Haltung des Textes. Das hängt vor allem mit der Position des Autors zusammen, derzufolge all das, was historisch und politisch, was rechtspraktisch und rechtswissenschaftlich mit dem Ausdruck „verfassunggebende Gewalt des Volkes" ins Spiel kommt, bis heute dermaßen bruchstückhaft, unabgeschlossen blieb, daß darauf redlicherweise nur mit sich selbst als unabgeschlossen und bruchstückhaft verstehenden Erörterungen reagiert werden könne. So kommt mit dieser Studie etwas produktiv Beunruhigendes in die Debatte des Themas, das ihr bisher abgegangen sein dürfte.

III.

Staatsrechtliche Fragen, die deutsche Verfassungsgeschichte des 20. Jahrhunderts und Legitimationsprobleme des Grundgesetzes spielen hier durchweg eine wichtige Rolle, werden in geduldig wieder und wieder ansetzenden Interpretationen eng am Verfassungstext verfolgt. Trotzdem ist die Arbeit von der Textsorte her nicht dogmatisch, sondern eine Analyse in verfassungstheoretischer Absicht – Verfassung*theorie* als die angemessene „Philosophie" des modernen Verfassungsstaats. Wie schon in den bisher erschienenen Teilen von *Müllers*

---

[1] Vgl. zu diesem und zu anderen Manuskripten den Hinweis bei *Ralph Christensen*, Vorwort, in: Friedrich Müller, Essais zur Theorie von Recht und Verfassung, 1990, S. 5 ff., 9.

[2] Es handelt sich um 286 DIN A 4-Blätter von 1967/Anfang 1968; zum Teil Typoskript, überwiegend handschriftlich. Der Herausgeber hat den Text technisch eingerichtet.

„Elementen" dient der Hauptgegenstand, neben seiner unmittelbaren Bearbeitung, zugleich als Ausgangspunkt und Katalysator für eine allgemeinere Untersuchung am Leitfaden des profilierten Beispiels[3]. Bei dessen Grundsätzlichkeit im vorliegenden Fall erstaunt es nicht, wie intensiv sich das abgründige Problem einer verfassunggebenden Volksgewalt dem Gesamtvorhaben einer analytisch strukturierenden Verfassungslehre einschreibt; mit Themen wie: demokratische Verfahren als Nomos der Verfassunggebung; materialer Verfassungskern als Nomos der Bewahrung der Konstitution; Revolutionsrecht und Widerstandsrecht; Begriff und Rolle der „Verfassungsfamilie"; Methodenfragen der Umsetzung nicht-normativer Standards des bürgerlich-liberalen Verfassungskreises in innerstaatliches Recht; die Analyse von „Volk" als eines komplexen, in aller Regel selektiv verwendeten (Kampf-)Begriffs und im Zusammenhang damit die Erörterung von Fragen wie Repräsentation, Homogenität / Heterogenität und die der grundsätzlichen politischen Inertie der zum „Volk" stilisierten Bevölkerung. Abgestützt wird all dies in Geschichte, Praxis und Theorie des Verfassungsstaats der Moderne einschließlich der Rolle von Sprache, Text und Schrift für seine spezifisch legitimierende Rationalität; und ferner durch Herausarbeiten der hier so genannten (*Locke*schen) Verfassungssouveränität zwischen Fürstensouveränität *(Bodin, Hobbes)* und *Rousseaus* Volkssouveränität.

Durchgängig treibt diesen Text eine immer wieder ansetzende *Reflexion der Gewalt* voran und damit auch das Bemühen um deren zentrale Reflexionsformen, um *Legitimität und Legalität*. Diese werden vor dem Hintergrund von *Müllers* Konzept der Normstruktur neu diskutiert; als „nicht dasselbe, aber das gleiche: aus gleichem (rechtsnormativem) Stoff".

Das Bewußtsein, angesichts dieses Gegenstands notwendig vorläufig zu bleiben, prägt den Stil: ein behutsames wie insistentes Umkreisen der genannten und noch weiterer Einzelfragen. Es wird nicht neo-ontologisch ermittelt, was diese Volksgewalt „sei"; sondern erforscht, welche Rolle die sprachliche Berufung auf den Sprachausdruck „verfassunggebende Gewalt des Volkes" in Geschichte und Politik des modernen Verfassungsstaats, besonders europäischer Prägung, wie auch im Verfahrens- und im materiellen Recht der einzelnen Konstitution, hier des Grundgesetzes, spielen kann. Die befragte Formel soll, so auch in der Bonner Verfassung, Legitimität erzeugen. Sie wird daher von *Müller* als Ideologietext nicht akzeptiert, allein als Rechtstext; noch genauer, als Normtext. Das eröffnet operativen Spielraum dort, wo sich die Diskussion traditionell festgefahren hatte. Ohne der steril gewordenen Konfrontation „Positivismus – Antipositivismen" auf den Leim zu gehen, die nicht zuletzt die Diskussion in der *Schmitt*-Schule paralysiert, wird die Erörterung der verfassunggebenden Gewalt in die Verfassungslehre als einen Teil der *Rechtswissen-*

---

[3] Exemplarisch für diese Forschungsstrategie: Die Einheit der Verfassung, 1979; und: ‚Richterrecht', 1986.

schaft hereingeholt. Dieses vom Normtext ausgehende Konzept führt für das deutsche Grundgesetz zu einem inhaltlichen Verfassungsbegriff, der handhabbare Maßstäbe für die Ausübung der Staatsgewalt möglich macht. Ein entsprechender Gewinn an Rationalität folgt auch daraus, den Normtext über verfassunggebende Volksgewalt, wie es hier geschieht, argumentativ eng mit den gleichfalls als Rechtsprobleme gesehenen Fragen von Legitimität, Legalität, Revolution und Widerstand zu verknüpfen.

Gelegentlich explizit, durchgehend in der Sache schließt das eine Auseinandersetzung mit der dezisionistischen und holistischen Willensmetaphysik *Carl Schmitts* ein. Zu dieser markiert der Text die demokratische Gegenposition; eine Position, die wissenschaftlich den Vorzug hat, seit „Normstruktur und Normativität" (1966) auf ein modernes Normkonzept und eine sich hierauf gründende differenzierte Rechtmethodik gestützt zu sein. Dieser Ansatz erlaubt Lösungen, die künstliche, juridisch nicht haltbare Aufspaltungen wie „Ausnahmesituation versus Normallage", „Legitimität versus Legalität", „Verfassung versus Verfassungsgesetz" konstruktiv überwinden. Nicht zuletzt die wissenschaftlich (strukturierend) wie politisch (unzweideutig demokratisch) exponierte Stellung gibt diesem Text seine offensive Frische und sichert ihm Aktualität.

IV.

Will sich ein Gemeinwesen die besondere Legitimität verschaffen, die auf der verfassunggebenden Gewalt des Volkes beruht, muß nach *Müllers* Vorschlag diese Gewalt konstitutionell positiviert sein, woraus sich dann praktische Folgerungen ergeben. Das ganze wird mit „Vertextung – Verfahren – Verfassungskern" in Kürze umschrieben. Das ist ein klares Ergebnis für die Verfassungstheorie des geltenden Rechts, auch für die Verfassunggebung und – ansatzweise – für die staatsrechtliche Dogmatik, die hier, wie gesagt, nicht eigentlich Thema ist.

Aber die vorliegende Schrift überschreitet, ohne sie deshalb aufzugeben, diese Ergebnisse in einer weiteren Bewegung. Diese nimmt sich das bei alldem noch Ungelöste vor; all das, was die verfassunggebende Volksgewalt „als die offene Wunde der bürgerlich-demokratischen Staatenwelt" erscheinen läßt. In diesem Zusammenhang wird auch gefragt, ob angesichts fast weltweiten Unglücks und der – seit der Entstehung des Textes leider nicht verschwundenen – Drohung mit globalem Desaster eine Untersuchung nicht zum anachronistischen Luxus wird, die sich um das wirkliche, unentfremdete, politisch erwachsene „Staats"volk sorgt. Der Autor sieht das anders, denn „vieles von dem, das uns an den Rand treibt, und über den Rand des Sterns Erde hinaus, könnte behebbar werden, bekämen die menschlichen Gruppen sich erst einmal selbst in die Hand."

Dem liegt keine idealistische Hoffnung im *Bloch*schen Sinn zugrunde[4], auch nicht nur der Blick auf die Offenheit der realen Geschichte, die *Lyotard* (in: „Der Widerstreit") in Erinnerung ruft. Es ist, darüber hinaus, eine Haltung, die Wissenschaft als Handeln und den so Handelnden als verantwortlich begreift. Weil, schreibt der Autor, „das globale Unglück vom Ausbleiben einer wirklichen Selbstorganisation des Volkes" profitiere, gebe es „kein Recht zur Flucht vor der Anstrengung, die darin besteht, gegen das Verzweifeln und seine Gründe arbeitend Widerstand zu leisten."

Ludwigshafen am Rhein, Juli 1994 *Klaus Rohrbacher*

---

[4] Mit dieser setzte sich *Müller* später in: Entfremdung, 2. Aufl. 1985, kritisch auseinander.

I. Verfassunggebende Gewalt: nicht Ideologie, sondern Rechtsfrage

1.

„Die" verfassunggebende Gewalt des Volkes „ist" nicht nach Art der Ontologie eine Substanz oder Essenz; auch nicht quasi-ontologisch etwas tatsächlich Daseiendes, wie etwa „Gewalt", „Kraft" oder „Wille". Während „der Bundesrat" oder „besondere Organe der Gesetzgebung, der vollziehenden Gewalt und der Rechtsprechung" zwar auf Verfassungsvorschriften basieren, aber auch eine sachliche Seite, eine physische und soziale Realität aufweisen, fehlt es verfassunggebender Gewalt an solcher Materialisierung. Das einzige, was sich vertretbar von ihr sagen läßt, ist: sie sei ein sprachlicher Ausdruck und, als Ausdruck in Verfassungsurkunden, ein schriftlicher Text.

2.

Die außerweltlichen (also überweltlichen) Legitimationen der herrschenden Personen / Gruppen durch die Behauptung, *für* das Volk und zu dessen Bestem zu herrschen, wurden formuliert im Dienst der guten Moral der Machthaber vor Gott. Seitdem sie abgelöst wurden durch innerweltliche Nötigung der herrschenden Personen / Gruppen, sich *auf* „das Volk" zu berufen – jetzt also im Dienst der realen Machtposition der Machthaber vor den von ihnen Beherrschten – seitdem gibt es Texte von einer „verfassunggebenden Gewalt".

Diese Texte interessieren an diesem Ort nicht; jedenfalls nicht im einzelnen in ihrer historischen Abfolge, Verästelung, Varietät.

Für eine Systematik ideologischer Redeweisen erscheint „verfassunggebende Gewalt" als Anfangspunkt einer Verbiegung von Verfassungen, als deren Endpunkt die Rede von der „Einheit der Verfassung" gesehen werden kann. Beide Textmuster werden praktisch als Anfangs- wie als Endstück angewandter Verfassungsideologie eingesetzt.

Stattdessen: „verfassunggebende Gewalt" als *Rechts*text (nicht: als Ideologietext); und das heißt: als normaler Bestandteil der Verfassungsurkunden, in denen er vorkommt.

12 I. Verfassunggebende Gewalt

Warum diese Option? Begriffe verwendet man nicht gratis. Rechtsurkunden reden nicht ungestraft von „verfassunggebender Gewalt"; und wenn sie ebendies versuchen, sollte man sie dafür bestrafen – dadurch, daß man die Rede von verfassunggebender Gewalt beim Wort nimmt.

3.

Einen Ausdruck in einer Kodifikation nimmt man beim Wort, wenn man ihn als Normtext behandelt.

Die Rede von verfassunggebender Gewalt ist ein Handeln. Sie muß erst einmal ihrerseits gerechtfertigt werden können, bevor man einen rechtfertigenden (die verfaßte Gewaltordnung legitimierenden) Effekt des Beredeten, des Komplexes „verfassunggebende Gewalt" ins Auge fassen kann. Die Rede von verfassunggebender Gewalt in der Gründungsurkunde einer rechtsstaatlichen Demokratie wie der des Grundgesetzes ist dann legitim, wenn sie nicht als Ideologietext erscheint und behandelt wird; sondern als Teil des „geltenden Rechts", d.h. als Teil der so bezeichneten Normtextmenge, als (einzelner) Normtext.

Die Option ergibt sich also zum anderen aus jener für die vom Grundgesetz verfaßte rechts- und sozialstaatliche Demokratie.

4.

Das Berufen auf die verfassunggebende Gewalt „des" Volkes, ihre Beschwörung, täuscht die Rückkehr zu einem gesellschaftlichen Zustand vor, in dem es *wirklich* „Volk" gab, gegeben habe (d.h. die Gesamtheit *aller* Menschen der Gruppe; und ihre Gesamtheit als etwas durch rechtliche und politische Institutionen noch nicht systematisch Gespaltenes: Horde, Stamm, Großfamilie); in dem das Volk gerade darum keine Verfassung brauchte.

Wo eine Verfassung gebraucht wird, weil es kein Volk mehr gibt (das – wenn es sie bräuchte – sich eine geben könnte, weil es die Gewalt hat), dort werden dann *Ersatzfakten* (z.B. weitgehende ethnische Homogenität, ein ökonomischer Mittelstand), *Ersatzhandlungen* (Abstimmungen über Verfassungsentwürfe, öffentliche Verfassungsdiskussion wie in Schweden, etc.) und *Ersatzsymbole* gebraucht (z.B. *Smends* Mittel sachlicher und persönlicher „Integration"); sowie ein ideologisch zusammenfassendes Argument: die verfassunggebende Gewalt des Volkes.

Die Lehre von der verfassunggebenden Gewalt wirkt als eines der Instrumente, *Widerspruch und Spaltung im Verfassungsstaat* mit dessen spezifischen

Mitteln zu bearbeiten. Ein Grundwiderspruch liegt bereits in der Ungleichheit der Machtmittel (Freiheit / Unfreiheit *real* als *Gleichheitsdifferenzen)*, die gerade durch eine Verfassunggebung (a) bestätigt, fortgesetzt und (b) legalisiert, legitimiert, organisiert und damit stabilisiert wird.

5.

Seitdem sich Gott aus dem politischen Leben zurückgezogen (und aus der Geschichte verabschiedet) hat, ist seine Planstelle nicht vakant geworden. Wie dereinst ER, wurde hinfort das Volk von jedem an Macht oder Gewalt Interessierten im Mund und ins Feld geführt, ohne daß es erst gefragt worden wäre. Der Unterschied liegt darin, daß das Volk durchaus hätte befragt werden können. Allerdings hätte man dabei mit der wirklichen Bevölkerung vorlieb nehmen müssen; und allerdings ergäben sich dabei stets verschiedene Wünsche, die Uneinheitlichkeit der Bedürfnisse, die Widersprüchlichkeit der Interessen, die Unvereinbarkeit der Absichten: die wirkliche Lage. Stattdessen und wohl auch: deshalb hat man Gottes Abschied nicht unzweideutig akzeptiert. Und der Machthaber (samt seinen Widersachern, die Machthaber werden wollten) schuf das Volk nach seinem Bilde; nach seinem Bedarf und Gusto schuf er es.

Und die Demokratie? Auch dort, wo die Bevölkerung gemeint und ihre Herrschaft versucht wurde, setzte sich die Selektivität jeder Berufung auf „das" Volk (sogar auf „die" Bevölkerung) verteufelt durch; der Gott erwies sich als schwerlich austreibbar (Informations-, Bildungs-, Schicht-, Klassen-, Sprachdifferenzen; Manipulation; rechtlich-institutionelle „Geltungsstruktur"). Hinter der Schauseite des Einen Fluchtpunkts aller Legitimationen durch „das Volk" wimmelt und wirkt die reale Vielgötterei (sc. der constituent groups, der bestimmenden Klassen, der artikulations- und gewalt-(macht)fähigen unter den Gruppen.

6.

Das Feudalsystem berief sich auf überweltliche Legitimationsquellen. Vor Gott konnten die täglich erfahrenen realen Widersprüche (selbst der zwischen arm und reich, mächtig und ohnmächtig) als im Grund nichtig erscheinen; als dies werden sie von der christlichen Lehre auch ausdrücklich erklärt.

Der bürgerliche Verfassungsstaat der nachfeudalen Moderne konstituierte sich im Ansatz durch innerweltliche Legitimation; wenn auch feudale Rechtfertigungsmuster noch lange dazwischen wirkten (Monarchie, idealistische Naturrecht) – in dem Maß, in dem dieser Verfassungsstaat noch retardiert war. Er hatte nun mit den täglich erfahrenen realen Widersprüchen mit *seinen* Mitteln fertig zu werden.

Zu diesen gehören verstärkt die einer sich rationalisierenden, sich systematisierenden und in diesem speziellen Sinn verwissenschaftlichenden *Sprache:* Normtexte, Verfahrensgarantien über die weniger „richtige" als vielmehr (rechtsstaatlich) „korrekte" Bildung von Entscheidungsnormen, gelehrte Dogmatik. Die Schriftlichkeit und Publizität der Gesetze wie auch der Gedanke einer geschriebenen Verfassung werden, für die Tradition Kontinentaleuropas, immer wichtiger.

7.

Die „verfassunggebende Gewalt des Volkes" ist – für den historischen Akt der Verfassunggebung – ein Unterfall des Grundsatzes der Volkssouveränität.

Geschichtliche Kämpfe spielen sich nicht auf dem Papier von Büchern über Staatstheorie ab; es handelt sich nicht um einen Kampf zwischen „dem Prinzip der Volkssouveränität" und „dem monarchischen Prinzip". Die alte Monarchie erscheint als eine Funktion der feudalen Gesellschaft. Der vor-absolutistische Monarch war in der politischen Realität, je nachdem, Marionette oder Akteur; auf dem Feld der Sozialpsychologie Identifikationsobjekt; für die politische Theorie war er Zurechnungspunkt, Chiffre der Legitimität. In jeder dieser Eigenschaften diente er dem Feudalsystem.

Die Rede von der Volkssouveränität drückt aus, daß „das" Volk um eine gesellschaftliche Form gekämpft habe, die in Zukunft das Feudalsystem mit seinem monarchischen Faktor überwinden würde. Dieses neue System brauchte ein Gemeinwesen, in dem es – im Gegensatz zum feudalen – entscheidend auf Souveränität ankam. Das neue gesellschaftliche Prinzip brauchte den einheitlichen, zentralistischen, bürokratisierten Exekutivstaat. Ein Bedürfnis pflegt formuliert zu werden, wenn seine Verwirklichung beginnt. Zuerst kamen die gesellschaftlichen, nicht zuletzt ökonomischen Veränderungen, dann ihre Reflexion in der Forderung nach Souveränität. Noch aber waren das Feudalsystem und seine monarchische Organisation nicht gestürzt, die Souveränität konnte (noch) dem Fürsten zugeschrieben werden *(Bodins* Fürstensouveränität; siehe auch *Hobbes).* Daß Souveränität der historischen Sache nach später *Volks*souveränität zu werden hatte, lag eben daran, daß es „das" Volk (in Gestalt des Bürgertums) war, das um eine neue Form für eine inhaltlich neue Gesellschaft kämpfte.

Im Rahmen von Anstaltsstaat und Volkssouveränität war es dann für den Akt der Verfassunggebung wiederum das Volk, dem die entsprechende Gewalt zuzuschreiben war – und zwar ebenfalls deshalb, weil es nur „das" Volk sein konnte, das für einen neuartigen Staat kämpfte, der durch eine (geschriebene) Verfassung sowohl *begründet* – insoweit gegen das monarchische Prinzip als

Ausdruck der feudalen Gesellschaft – als auch *begrenzt* war; das letztgenannte zur Freistellung der neuen dominierenden gesellschaftlichen Schicht.

8.

Zwei Figuren kennzeichnen die hervorgehobene Rechtsform des Bürgertums, seine Verfassung; und zwar an den markantesten Stellen, sozusagen am Anfang und am Ende ihrer Wirkung: bei der Verfassunggebung und bei der tatsächlichen „Anwendung", der Konkretisierung.

Die „verfassunggebende Gewalt des Volkes" ist eine harmonisierende, eine Einheitsvorstellung insoweit, als gemäß und / oder trotz der Verfassung (fort-) bestehende Widersprüche inhaltlich dadurch gerechtfertigt erscheinen können, daß „das" Volk sie gegeben bzw. nicht beseitigt, sie also in jedem Fall „gewollt" habe. Personell gilt dasselbe, insofern die Spaltung des Volkes in ungleich situierte und ungleich berechtigte Gruppen (constituent groups; Klassen- bzw. Schichtenstruktur) nicht zugegeben, insoweit die Verfassung als Gruppendiktat oder, bestenfalls, Gruppenkompromiß nicht ausgewiesen, sondern als von „dem Volk" insgesamt stammend angegeben wird.

Die Figur „am Anfang der Verfassung", die verfassunggebende Gewalt des Volkes, ist so alt wie der moderne Verfassungsstaat. Die zweite „am (sc. praktischen, nicht zeitlichen) Ende der Verfassung", die autoritäre, illusionäre Formel von einer Einheit der Verfassung, ist dagegen neuesten Datums.

Sowenig wie die zweite kommt auch die erste nicht in der Natur vor. Sie erschafft kein generell Ontisches und kein ontologisches Transzendentale. Sie bezeichnet keine allgemeine, unterschiedslos auf politische Situationen anwendbare Kategorie von der Art: Kommt die verfassunggebende Gewalt im Land der Generalsjunta A oder der Obristenjunta B zu? Die Frage nach der verfassunggebenden Gewalt ist eine *Verfassungs-,* damit eine *normative* Frage und als solche formaler Beliebigkeit, inhaltlicher Gleich-Gültigkeit entzogen. Bereits *als Frage* stellt sie sich sinnvoll nur in dieser, durch einen normativen Kernbestand bezeichneten Verfassungsfamilie. Nur auf deren Boden ist das *Wort* „verfassunggebende Gewalt" sinnvoll brauchbar, jedenfalls auf die hier verwendete Weise.

Verfaßt ist Gewalt in allen Staatsgebilden. Der gewaltenteilende, demokratische, sich auf Grundrechte stützende Verfassungsstaat der Neuzeit kennzeichnet sich dadurch, daß Gewalt in ihm *so* verfaßt ist. Die „verfassunggebende Gewalt" soll das legitimieren: Um es zu diesem Staatsmodell zu bringen, habe das Volk seine Gewalt spüren lassen (bei Locke: das wirtschaftlich expandierende Bürgertum).

Verfassunggebende Gewalt im vollen Sinn, massiv und real, nicht länger metaphysisch, wäre die Gewalt des Volkes, sich zu verfassen.

Sich Verfassen geschieht nicht durch Abfassen und Signieren eines Papiers, genannt „Konstitution". Real verfaßt sich ein Verband durch Praxis, nicht durch Beurkundung; nicht durch Inkrafttreten, sondern durch in Kraft sein: täglich, in geschichtlicher Dauer.

Verfassunggebende Gewalt des Volkes wird in *Rousseaus* Staatsmodell versucht; und überall dort, wo die Betroffenen zugleich die Betreffenden sind: Perikleische Polis, Rätedemokratie. Nur daß bei *Rousseau* keine kollektive Ausgrenzung von Gruppen aus dem Normbegriff „Volk" geschehen soll, keine zusätzliche Segmentierung der Gesellschaft durch privilegierende Abstufung.

Verfassunggebende Gewalt wäre erst dann wirklich, wenn die pouvoirs constitués nicht von Anderen ausgeübt würden, sondern vom pouvoir constituant. Dagegen macht der moderne Verfassungsstaat geltend, das Volk habe seine Gewalt genau dazu benützt, um die Gewalt jener Anderen zu begründen. Legitimität werde ihnen ein erstes und einziges Mal eingehaucht; ab dann schalteten und walteten sie im Besitz der pouvoirs constitués kraft der Verfassung gewaltsam über dem Volk. Verfassunggebende Gewalt des Volkes ist aber dort nicht, wo Gewalt dem Volk in Entfremdung entgegenschaut; wo das Volk nicht sich wiederfindet, sondern nur noch Gewalt eines Staates, der sich ein Volk hält. Für diesen ist „verfassunggebende Gewalt" unter den Symbolen ein besonders schmuckes, unter den Metaphern eine besonders leuchtstarke.

Handelt es sich wirklich darum, „die" Gerechtigkeit auszudenken (d.h. sie als Sprache zu erzeugen, als Text) und sodann daran zu gehen, die Texte zu verwirklichen; oder nicht vielmehr darum, mit dem Verwirklichen ganz ungesicherter Gerechtigkeit beginnen zu müssen – lange bevor wir uns „der" Gerechtigkeit haben versichern können? Denn die Realien sind schwer, und schwer zu bewegen; daher können wir nicht zuwarten bis zur Einigung auf einen Text. Wir müssem immer schon vorher in die Wirklichkeit springen, sonst springt sie uns an. Und Texte sind leicht zu bewegen; daher werden wir den *einen* Text nie haben können. Die nicht angefaßten Realien hätten uns schon vorher zerdrückt. Auch das gehört zu dem fast hoffnungslosen historischen Hinterherhinken realer verfassunggebender Gewalt des Volkes hinter der Staatsmacht gebenden Gewalt der Texte.

9.

Zur *Formalität* auch der anderen Verfassungsgarantien: Sie hatte entstehungszeitlich die praktische Aufgabe, nur der aufsteigenden Klasse zugute zu kommen. Den Menschen der unterdrückten riesigen Mehrheit wurden nicht etwa Arbeit, Brot, Existenzminimum als Recht zuerkannt. Vielmehr wurden

„jedermann" Freiheitsrechte eingeräumt, die nur für die Mitglieder privilegierter Minderheiten wirksam werden konnten. Die Formalität hatte weiter die ideologische Aufgabe, die neue Gesellschaftsform zu rechtfertigen und jeden, der in den Genuß der formellen Rechte faktisch nicht gelangen konnte, individuell abzuwerten; an der Gesellschaftsform konnte es, siehe den Verfassungstext, nicht liegen.

Eine dritte Funktion der Formalität war vor allem entstehungszeitlich wichtig, blieb es aber nicht – wie die beiden ersten – auf Dauer: Gegenüber dem politischen Gegner, dem absolutistischen Staatsapparat, wirkten Freiheitsrechte doppelt legitimierend, nämlich als Negation der Praxis und der Theorie des geschichtlich noch unmittelbaren Gegenbilds. Was an sozialer Sicherung im älteren Feudalsystem gesteckt hatte, konnte gegenüber dieser „befreienden" Politik allmählich in den Hintergrund gedrängt werden. Ideologisch wirkte die protestantische Leistungs- (in Wahrheit: Erfolgs-)ethik prachtvoll funktional: „Jeder" hat jetzt Freiheit (die des Christenmenschen, die des Grundrechtsbürgers, die des verdienstvoll raffenden Wirtschaftsherrn). „Freiheit" heißt jetzt der höhere Auftrag, es zu etwas zu bringen. Wer es zu nichts bringt, nützt seine Freiheit nicht recht aus, wuchert nicht mit seinem Pfund, ist gar *(Calvin)* sichtlich für die Verdammnis bestimmt. Auf solche Weise wurde einmal der Rückschritt in der sozialen Existenzsicherung gegenüber der Feudalzeit aufgefangen und zugleich eine neue positive, eine nicht defensive, sondern (den Absolutismus) angreifende Ideologie, die der „Freiheit" als eines Ensemble *formaler* Freiheits*garantien (John Locke)*, programmiert und praktiziert.

10.

Eine Art realer Dialektik besteht einmal darin, daß in der weiteren Entwicklung auch solche Klassen, die den Verfassungsstaat nicht erkämpft hatten, in den faktischen Status hineinwuchsen, von den Freiheitsrechten Gebrauch machen zu können; daß sie gerade wegen deren *Formalität* als später neu aufsteigende Klasse sich der Aufstiegsmittel der alten, des Bürgertums, jetzt im antibürgerlichen Sinn bedienen konnten. Dialektik zeigt sich nicht zum wenigsten auch darin, daß anti- und nachbürgerlich gemeinte Gesellschaftsmodelle, die so erreicht werden, bürgerlich bleiben (Sozialstaat, Wohlfahrtsstaat, etc.). In welchem Maß bleiben nun aber auch revolutionär veränderte Gesellschaften bürgerlich? Eine mögliche Hypothese (d.h. abgesehen von den marxistischen über die „Übergangsgesellschaften"): Weil objektive Bedingungen andauern (oder: sich verstärken; oder: nicht rücknehmbar sind), denen sich einst das Aufsteigen des Bürgertums verdankt hat.

Ein Beispiel: die Rolle der Bevölkerungsvermehrung, die des Aufhörens bzw. neuen Entdeckens von Ressourcen; allgemein: die Rolle von Änderungen in den materiellen Lebensbedingungen, sofern sie „von außen", als äußerliche Provokationen im Sinn von *Rousseaus* Zweitem Diskurs auftraten und auf welche die mit der Praxis des Bürgertums verbundenen Faktoren (Marktbildung, Freisetzung von Leibeigenen, Abbau traditioneller Schranken, Manufaktur, Gefragtsein von Erfindungen zur Steigerung des Profits, Gefragtsein der Entdeckung von Ländern als Rohstoffquellen und Absatzmärkte, Industriesystem, Rationalität aller gesellschaftlichen Teilbereiche) „funktional" antworteten, die überkommenen der Feudalzeit aber nicht (mehr) hinlänglich reagieren konnten und daher kraftlos wurden.

Daß das Volk sich vielleicht aus demographischen, technischen, organisatorischen, psychologischen, gruppendynamischen, im bürgerlichen Sinn: aus sachlichen Gründen nicht selbst regieren kann (aus „Sachzwängen"), darf als Frage nicht zugedeckt werden. Die „verfassunggebende Gewalt des Volkes" als Ideologie-Figur analytisch zu sezieren, bedeutet nicht zugleich, die praktische Möglichkeit einer realen verfassunggebenden Gewalt des Volkes einfach zu behaupten. Es bedeutet aber, auf jeden Fall Abschied von der „verfassunggebenden Gewalt des Volkes" als zynisch auferlegter Illusion zu nehmen.

11.

Die „verfassunggebende Gewalt" ist ein Zweckbegriff bei *Sieyès* und sie war schon bei *Locke* ein solcher gewesen. Was sollte sie anderes sein?

Die Begriffe der Rechts- und Staatslehre sind Kurzfassungen für die dort verbreitete Art „theoretischer" Standpunkte; und jede dieser „Theorien" ist eine kalbsledergebundene Nobelformel für gemeine Interessen. Interessen drücken sich, soweit in die Kommunikation gebracht, als Zwecke aus.

Daher insoweit nichts gegen *Locke, Sieyès* und Konsorten. Aber was spricht dagegen, aus der „verfassunggebenden Gewalt *des Volkes*" als einem Zweckbegriff der (das Volk Be-)Herrschenden im Dienst ebendieser Beherrschung endlich einen solchen des Volkes für seine Selbstbeherrschung zu machen?

Nichts; außer dem „Willen" (den Interessen, den Theorien, den Begriffen) der Herrschenden. Nichts (für das Volk) Unüberwindliches also. Bleibt: das Volk zu erschaffen.

12.

Zur Frage der „kleinen" Normen, d.h. der unterhalb des Verfassungsrangs geltenden (Detail-)Vorschriften: diese – wie schon die Verfassung – sind als Normtexte in einer Rechtsordnung, die der verfassunggebenden Gewalt des Volkes endlich entspräche, *von genau denen* zu setzen, *gegen die* sie real (d.h.

I. Verfassunggebende Gewalt

nach den gegebenen Klassen-, Kommunikations-, und ganz allgemein: Gewaltverhältnissen) *exekutiert* (durchgesetzt) werden können.

Es genügt nicht zu sagen: *von denen, die sie betreffen;* denn das tun sie auf dem Papier gegenüber allen innerhalb des Rechts- (Souveränitäts-)kreises; real dagegen, bei Belastungen jeder Art, aufgrund gegebener Gewaltverhältnisse manchmal entweder gar nicht oder doch oft schonender gegen die Herrschenden und ihre Nutznießer.

Diese setzen, in den „repräsentativen" Gremien, ohnehin schon die Normtexte. Das Argument, sie seien *ja auch* davon betroffen, verfängt aufgrund der angedeuteten Struktur ihnen gegenüber nur gedämpft; gegenüber denen nämlich, die notfalls immer noch eine gesetzliche Ausnahme oder Amnestie beschließen, zuweilen auch eine höchstrichterliche Entscheidung bestellen können.

13.

Den „Kern" der Verfassung bilden, bei Licht besehen, Normtexte; eine Verfassung als Urkunde enthält nur solche (Grundgesetz: Art. 79 III, 1 und 20).

Wenn schon die Vertextung verfassunggebender Gewalt Legitimitätsmaßstab sein soll, dann legitimiert diese nur insoweit, als die Rechtspraxis mit den betreffenden Normtexten (der verfassunggebenden Gewalt) konform bleibt. „Verfassunggebende Gewalt" in diesem Typus von Gemeinwesen sublimiert sich einerseits zur *Normativität im inhaltsreichen Sinn,* die aber, als Normativität, andererseits nicht direkt-faktisch, sondern nur *indirekt-maßstäblich* gemeint sein kann: *einer* von zwei Haupttypen der Verfassunggebung.

Die verfassunggebende Gewalt in diesem elaborierten Sinn ist zwar keine positiv durchformulierte, wohl aber eine im Rahmen dieser Tradition und dieses Verfassungtypus als inhaltsreicher Verfassungsgrundsatz annehmbare Norm. Wie jede Rechtsnorm (weshalb allein schon das Naturrecht nicht bemüht zu werden braucht), ist auch diese nicht sachleerer Befehl, sondern sachbestimmtes Ordnungsmodell, dessen Sachelemente, nach Maßgabe rechtsstaatlich vertretbarer Konkretisierung, mit-normativ wirken. Als Norm ist sie auch keine reine, *sachleere* Dezision um der Dezision willen, sondern eine Entscheidung, deren Sachelemente sich in diesem Fall dem Komplex der *Legitimierung staatlicher Gewalt* einfügen.

14.

Verfassunggebende Gewalt und Legitimität, Revolutionsrecht und Widerstandsrecht, sind, so gesehen, Rechtsbegriffe; folglich normative und damit sachgebundene, materielle Maßstäbe anbietende, Voluntarismus, Normlogismus, Dezionismus und Soziologismus im Namen der Verbindlichkeit von Recht und Verfassung hinter sich lassende Begriffe; sind (teils geschriebene, teils ungeschriebene) Normen. Der Sachbereich ist allen vieren gemeinsam: ein Bestand von Kern-Institutionen, -rechtsgarantien, -organisationsformen, der sich aus der insoweit konsistenten geschichtlichen Tradition dieser Verfassungfamilie speist, der im einzelnen verfassungshistorisch und -vergleichend zu erarbeiten ist.

Auch Widerstandsrecht und Revolutionsrecht sind demnach im *Sach*bereich von Art. 20 II 1, 79 III, 1 II GG mit enthalten; aber nicht als Eigen-Normen, d. h. nicht mit potentiellem Normprogramm und Normbereich. Für beide müßten noch eigene Normtexte gesetzt werden: durch Formulieren von Folgerungen, die bei sonst nicht behebbarem Widerspruch staatlichen Handelns zu Legitimität und verfassunggebender Gewalt zu einem entsprechenden Verhalten berechtigen.

Damit ist das grundsätzliche Problem des „Schweigens der Verfassung" angesprochen: (a) also des *Fehlens* von Normierungen dort, wo sie nach der Leistungsfähigkeit dieser Verfassung ohne weiteres möglich wären (z.B. noch nähere Bestimmungen für die Verbände im politischen Bereich, Widerstandsrecht)[1]; (b) ferner dort, wo sie wegen der herrschenden Machtverhältnisse kaum effektiv werden könnten, so z.B. Verbote, Eingrenzungen für (Wirtschafts-) Verbände im ökonomischen Bereich; (c) umgekehrt des *Vorhandenseins* von Normen dort, wo diese nach der Leistungsfähigkeit des Verfassungstyps notwendig unwirksam bleiben werden (wie, vielleicht, bei der Berufung auf die „verfassunggebende Gewalt des Volkes"). Hier „spricht" zwar die Verfassung als Text, „schweigt" aber darüber, daß ihre Aussage die Wirklichkeit nicht erreichen wird bzw. nicht erreichen kann.

15.

Carl Schmitt[2] fragt, warum eine Verfassung, eine Norm gelte. Ergebnis: weil sie von einem Willen gesetzt sei. Was soll dann für Verfassungsgewohnheitsrecht (gewohnheitsrechtliche Normen) gelten? Dann wohl, wie immer, ein existenzieller „Wille", nur diesmal des Kollektivs. „Wille" als pseudo-psychologischer Terminus ist jedoch kollektiv nur für Mystifikationen brauchbar. Kollektive seelische Potentiale sind anders zu fassen als mit untergeschobenen Kategorien veralteter Stadien der Individualseelenlehre. Tatsächlich „gilt" Gewohn-

---

[1] (Das Widerstandsrecht wurde durch G. v. 24.5.1968 als Art. 20 IV GG normiert; Anm. d. Hrsg.)

[2] Verfassungslehre, 3. Aufl., Neudruck 1957, S. 9

I. Verfassunggebende Gewalt

heitsrecht genauso wie gesetztes Recht: weil es menschliche Motivationen bestimmt; weil es, als Voraussetzung für das Aktuellwerden und Gebrauchtwerden von Motivationen, vorkommende Fragen, Probleme, Konflikte mit den Mitteln rechtlicher Anordnung beantwortet, ordnet, löst (lösen hilft); weil es in dieser Funktion von staatlicher Organisation (auf dem Weg über andere Normen, über Verpflichtungen, Motivationen von Rechtsfunktionären) gewährleistet und respektiert, im Konfliktfall einseitig durchgesetzt, sanktioniert wird; und weil all das auf dem Weg eines *Informations-Kreislaufs* zugleich zu einem *Motivations-Kreislauf* wird, der tendenziell in sich stabil bleibt, solange nicht einer seiner Faktoren *ausfällt*, nämlich entweder der,

- für verbindlich *angesehen* zu werden (Kenntnis vom Rechtcharakter, sei es aus Gründen der Gesetztheit, sei es aus solchen der „psychisch-motivationellen" „Gegebenheit" als Gewohnheitsrecht); oder die Eigenschaft,

- auf Fragen zu antworten, die *aktuell* werden können (andernfalls: Obsoletwerden durch Nicht-mehr-aktuell-Werden; das ist eine faktische Frage); oder die Fähigkeit von Gewohnheitsrecht,

- auf *aktuelle* Fragen *sachlich* zu antworten (andernfalls: politischer Druck auf gesetzliche Regelung, weil unangemessen geworden; oder: Ende der communis opinio von der „Ius-"qualität und von der necessitas; Ende des Minimalkonsenses der Rechtsbetroffenen); oder die Tatsache,

- in diesen Funktionen staatlich-organisatorisch gewährleistet, sanktioniert, durchgesetzt zu werden.

Es zeigt sich, daß die Frage *Schmitts* („Warum?" → „Weil!") die Sache nicht trifft. Zu sagen, die Norm gelte, weil sie gesetzt sei, klärt keineswegs, was „gelten" wirklich, juristisch, praktisch bedeuten soll. Die Fragestellung erweist sich als unfruchtbar, die Antwort als nichtssagend. Die Antwort ist für das, was „gelten" in der gesellschaftlichen Realität heißen kann, weder richtig noch falsch; sie liegt neben der Sache.

Schmitt redet vom „Willen" als „existentiell vorhanden", von „seinem Sein". Es nimmt nicht wunder, daß er auch sonst, und gegen seinen Willen, seinen Standpunkt als naturrechtlichen enthüllt: Jedes Gesetz sei „seinem Wesen nach Befehl, also Wille"[3] und „die Verfassung als ein Willensakt"[4] dem „Verfassungsgesetz" überlegen: altbekanntes voluntaristisches Naturrecht.

---

[3] a.a.O., S. 76
[4] ebd.

16.

Die Fragestellung „Warum? → Weil" führt zur „Willens"-Mystifikation; die ausschließende *Alternative* „Positiv-angeordnet-sein"/„Richtig-sein" ist realitätsblind. Eine vertextete Norm ist positivrechtlich gesetzt, oder sie ist keine Norm (sollte jeder Jurist sagen, der, wie *Schmitt*, nicht Naturrechtler sein will). Damit, daß eine Norm durch Menschen positiv angeordnet sei, ist weder ausgemacht,

– was „Norm" bedeutet, noch (damit zusammenhängend)
– was „Gelten" heißen soll. Auch hierin liegt die Unfruchtbarkeit der *Schmitt*schen Frage.

Die Norm gilt, weil sie – zunächst in Form des Normtextes – positiv gesetzt ist. Die Norm ist positiv gesetzt – aber das kennzeichnet sie praktisch / konkret noch nicht. Sie ist nämlich immer als „diese und keine andere" angeordnet: als sachbestimmte. Das heißt: es ist entschieden, gesetzt, positiviert worden, aber nicht ein Nichts, nicht eine „reine" Setzung, Entscheidung, Positivierung, sondern ein sachbestimmtes Ordnungsmodell.

Eine Rechtsnorm ist sachbestimmt und daher, wie auch nach Maßgabe dieser Sachbestimmtheit, bestimmt sie ihrerseits die Sachen, vermag sie Fragen zu beantworten, „gilt" sie als der einer konkretisierenden Fall- und Konfliktlösung fähige Regelungskomplex eigener Art. Das Setzen allein genügt nicht; das Gelten im genannten Sinn gibt dem Gesetztsein Konkretion, gesellschaftliche Wirksamkeit. Daher auch: Verfassunggebende Gewalt ist nicht nur als punktueller Einzelakt zu verstehen, sondern zugleich als dauernde Regelungsfähigkeit in der Zeit.

Das naturrechtsfreie „Richtig-sein" ist dieses Sachbestimmtsein; ist die Perspektive, der „Sache" nach Möglichkeit gerecht zu werden; ist relative Sachgerechtigkeit. Von anderer Seite und anderer (neukantischer) Basis aus ist das alte Naturrecht bereits zum „Naturrecht mit wechselndem Inhalt", zum „Kulturrecht" herabgestuft und umgedeutet worden, (*Radbruch* und andere), was mit der Konzeption der Verfassungsfamilie als einem geschichtlichen (Teil-)Konsens mit einem inhaltlichen Kern zum Teil übereinkommt.

II. Rechtsfrage: Verfahrensrecht

17.

„Geltendes Recht" kann einer geläufigen Einteilung zufolge Verfahrens- oder materielles Recht sein.

Verfahrensrecht ist typisch ius strictum. Verfassunggebende Gewalt als geltendes Recht muß dieser Nichtbeliebigkeit folgen. Soweit sie Verfahren ist, das rechtfertigt, muß (a) ein konkretes Verfahren angeordnet sein und dieses (b) dann auch tatsächlich eingehalten werden. Für die verfassunggebende Gewalt heißt das: Volkswahl des verfassunggebenden Gremiums; oder Volksabstimmung über den Verfassungsentwurf; oder – einer rechtsstaatlichen Demokratie angemessen – beides.

Das Grundgesetz von 1949 genügt dem nicht. Hilfskonstruktionen (die einzige, die noch vertreten wird, stützt sich auf die Wahlbeteiligung 1949 und auf „stillschweigende Verfassunggebung kraft Praktizierung durch das Volk") sind, wie immer billig zu habende, Ideologietexte. Normtexte – „verfassunggebende Gewalt" wird hier so aufgefaßt – sind schon weniger billig zu haben. Ebenso teuer kommt die praktische Befolgung von Normtexten zu stehen; im Fall des Grundgesetzes von 1949 ist aber verfahrenstechnisch nichts befolgt worden, was mit „verfassunggebender Gewalt" in Verbindung gebracht werden könnte. Die reale Praxis, das Grundgesetz in Kraft zu setzen, hat den Normtext „verfassunggebende Gewalt" im Grundgesetz (Präambel und, anders formuliert, Art. 20 II 1 GG sowie Art. 146 GG) zum Ideologietext regredieren lassen.

18.

„Verfassunggebende Gewalt" ist *entweder direkt-faktisch* gemeint: wirklich das Volk insgesamt, ohne Zwischen-Institutionen jeglicher Art, gibt sich eine Verfassung und bleibt, ohne derartige corps intermédiaires, die entscheidende Instanz für Beibehaltung, Änderung, Aufhebung oder Ersetzung der Verfassung; das wäre – in bezug auf das untersuchte Thema – die uneingeschränkte plebiszitäre Demokratie. Dazu gehören aber Zustimmungen – wie in der DDR oder in Griechenland sowie französische Referenda – schon insofern nicht, als sehr massive Zwischenglieder die Aktion in Gang halten, diese steuern (Wahlpflicht, Repression, Manipulationen, zumindest staatliche Propaganda). Dagegen müßten auch Initiative, Durchführung und Bewertung aktiv beim Volk liegen. Im übrigen könnte zwischen Verfassungsgesetzgebung in diesem Sinn und laufender Gesetzgebung durchaus unterschieden werden.

Oder „verfassunggebende Gewalt" ist nicht direkt und nicht faktisch gemeint (wie in den bürgerlich repräsentativ-demokratischen Staaten, wie unter dem Grundgesetz und seinem Verfassungsbegriff). Dann sind weitere Normen nötig: die Normen über „Geltung" der Verfassung, also die Verfahrensnormen zur Verfassungssatzung einschließlich -aufhebung, -änderung, -ergänzung. (Auch das Modifizieren, Ergänzen, Ersetzen von Verfassung(s)recht) ist „Geben"!; zum „Geben" als „Gewalt" gehört auch das „Nehmen", da Verfassung in der Zeit dauern muß.) Diese *Verfahrensnormen* sind aber repräsentativ angelegt, sprechen „dem Volk" im *direkt-faktischen Sinn* die „verfassunggebende Gewalt" gerade ab.

„Verfassunggebende Gewalt" in diesem Typus Zwei sublimiert sich damit zur *Normativität im inhaltsreichen Sinn;* die aber, als Normativität, eben nicht direkt-faktisch, sondern nur *indirekt-maßstäblich* gemeint sein kann. Die oben skizzierte „Verfassungskern-Konzeption" erweist sich als Deutung des Verfassungstypus des Bonner Grundgesetzes: als einer der beiden Haupttypen der Verfassunggebung.

Rousseau will den Typus Eins. Aber Typus Zwei deutet sich darin an, daß die volonté générale auch normativ gesehen ist, nämlich *inhaltlich* (Interessenübereinstimmung, nicht formal nur als Mehrheit). Da, mit dieser Maßgabe (und: keine Gruppen; und: politische vertu; und: homogener, überschaubarer Kleinstaat; und: Allgemeinheit der Entscheidungsakte), die Inhalte der volonté générale für *Rousseau* aber offen („geschichtlich", „existentiell") bleiben, ebenso jederzeit änderbar, ist der Typus Eins bei ihm doch durchgehalten.

19.

Gibt es Voraussetzungen für eine effektive Beteiligung des Volkes an der Verfassunggebung?[1]

(1) These, die zugrunde liegt:

Wenn das Volk *faktisch* eine entscheidende Rolle spielen soll, dann muß es politisch organisiert bzw. organisierbar sein und in demselben Maß politisch motiviert.

---

[1] (Dieser Paragraph zeigt den Fragmentcharakter deutlich auf: er formuliert ein besonderes Element des Forschungsprojekts, dem empirische Studien folgen müßten. Anm. des Hrsg.)

(2) Beispiel Kongo. Zum Teil als Folgen der Kolonialpolitik:

a) kaum eine intellektuelle politische Elite (nur bewußt niedrige Schulbildung; Missionierungsziele)

b) keine ethnische (mehr als 200 Stämme), geschichtliche, geographische, ökonomische „Einheit"

c) kein National- bzw. gemeinsames Kultur- und politisches Bewußtsein

d) keine wirtschaftliche Macht für die einheimische Bevölkerung:

- geringer Ausbildungsstand, niedrige Berufe
- Verbot des Grundeigentums
- keine Berufsfreiheit und Freizügigkeit
- auf dem Existenzminimum gehalten
- keine ausreichenden Verkehrs- und Informationsverbindungen
- wirtschaftliche Dominanz Katangas und der belgischen Gesellschaften dort
- Wirtschaftsmacht ganz in (neo)kolonialistischer Hand

e) politische Gruppen: nur lokal und regional angelegt; ohne weiterreichende Erfahrung

(3) zusätzliche Verfahrens- bzw. Interventionsfaktoren:

a) bis 1958: Belgien mimt einen Ansatz, eine gesellschaftliche Basis für „verfassunggebende Gewalt" zu organisieren: „von unten und innen" (Regionalinstitutionen)

b) ab 1958 die Gegenrichtung: „von oben und außen"

c) Aufstand 1959 führt zu einer verfassunggebenden Versammlung. Häuptlinge, regionale Parteien, Zeitdruck: Dominanz der Belgier und Kopie des monarchistischen Prinzips (1960er Verfassung)

d) verfassungsrechtliche Daten: kein Verfassungsgericht, Parlament instabil, kein funktionierender Föderalismus

e) äußere Faktoren: 1963 ff.: Sezession Katangas – Bürgerkrieg – UNO-Intervention und Rückzug; Eingreifen Belgiens und der USA; 1965 Mobutu-Putsch

(4) speziell zum „Geben" einer Verfassung:

a) 1960: Werk der Kolonialisten

b) Luluabourg – Verfassung (1964)

α) Das Parlament, nach der 1960er Verfassung zugleich verfassunggebende Versammlung, wurde von Kasawubu 1963 „vertagt" (Verfassungsbruch).

β) Verfassungskommission Kasawubus: Regierung und gesellschaftliche Gruppen (Gewerkschaften, Arbeitgeber, Kirchen, Presse, Studenten) ohne Parlamentarier und Parteien. Die so zusammengekommene Verfassung von 1964 erzielte beim Referendum eine Zustimmung von rund 80%.

c) Mobutu-Verfassung (1967): durch ihm ergebene Kommission ausgearbeitet; durch Referendum nach mehr als 1 1/2 jähriger Diktatur mit großer Mehrheit angenommen. Einparteien bzw. Ein-Mann-Regime.

(5) Ist angesichts solcher – und an anderen Orten: vergleichbarer – Bedingungen der Maßstab der *Legitimität* nicht überhaupt fehl am Platz? Oder kann er sich nur (noch) nicht am Volk orientieren? Oder woran sonst? Bestimmt nicht, als *Legitimität,* an den gegebenen *Gewalt*verhältnissen.

20.

Fragen zur Legitimation des Grundgesetzes, das sich selbst durch „verfassunggebende Gewalt" (Präambel) zu legitimieren unternimmt:

(1) Konnte eine verfassunggebende Gewalt des deutschen Volkes überhaupt ausgeübt werden, trotz Okkupation mit Sequestration aller Hoheitsrechte (völkerrechtlicher / innerstaatlicher Fragenkomplex):

– „Souveränitätsmangel"?
– ist das Grundgesetz eine oktroyierte Verfassung?
– oder legitimiert es sich durch „importierte Revolution"?
– wurden nur die Staatsorgane inaktiviert, nicht aber die verfassunggebende Gewalt?
– und falls auch diese, wurde sie durch die Frankfurter Dokumente rückübertragen?
– Rolle des Vorbehalts des Besatzungsstatuts?

(2) Kontinuitätsfrage: Sind – durch Ausüben der verfassunggebenden Gewalt – Länder und Bund originär entstanden (Staatsgründung) oder sind sie – ohne Ausübung einer solchen Gewalt – nur Fortsetzungen früherer Körperschaften (Verwaltungsstatut)? Kam die verfassunggebende Gewalt in den Ländern originär aus den einzelnen Ländern oder „floß" sie aus dem Deutschen Reich als aus dem Gesamtstaat? Kam die verfassunggebende Gewalt im Bund von den Ländern oder entstammt sie originär der BRD? (Bundesstaatsproblem)

(3) Verfassunggebende Gewalt als Verfassungssetzung: Ein Verfahren, für das die Berufung auf „verfassunggebende Gewalt" noch sinnvoll wäre, weist das Grundgesetz nicht auf; weder ein Referendum, noch eine Volkswahl der

verfassunggebenden Versammlung. Das Grundgesetz realisiert keine noch so zu nennende verfassunggebende Gewalt des Volkes.

(4) Gibt es nach dem Grundgesetz inhaltliche Grenzen für eine verfassunggebende Gewalt? Offenbar nicht: Art. 79 III erscheint als Schranke von Verfassungsänderung, nicht von neuer Verfassunggebung. Und Art. 146: soweit er Verfassunggebung meint, ist diese durch Art. 79 III nicht gebunden; „in freier Entscheidung" betrifft vor dem Hintergrund der Entstehung des Grundgesetzes sowohl die nicht-oktroyierte Verfassung (anders als 1949) als auch das Verfahren. Inhaltliche Grenzen vom Grundgesetz her bestehen für die neue, „in freier Entscheidung" zu schaffende gesamtdeutsche Konstitution nicht, denn Art. 79 III betrifft nur den Fall der Verfassungsänderung. Die verfassunggebende Gewalt wirkt, als Kontinuum, in Art. 79 III auch bei Verfassungsänderungen legitimierend; aber eine neue Verfassunggebung (eine Revolution oder den Fall des Art. 146) fängt der normative Kern des Grundgesetzes nicht ein.

(5) Der Typus dieser Verfassungsfamilie ist inhaltlich (Grundrechte, Gewaltenteilung, Rechtsstaat, repräsentative Demokratie) so angelegt, daß Herrschaft einigermaßen erträglich gehalten wird und insoweit die Frage nach der verfassunggebenden Gewalt nicht faktisch-direkt als *Widerstand* und *Revolution,* sondern nur normativ-indirekt als Frage nach der *Einhaltung* des Verfassungskernbestandes gestellt zu werden braucht; also die Frage nach der Legitimität („herabgeschraubt") nur noch als die nach der *Legalität* (sc. auf der Basis, im Rahmen und in zuverlässiger Konkretisierung der legitimen Normativität). Deshalb sind die hier zu notierenden rechtsdogmatischen Einzelfragen, wie immer normtextgebunden, entscheidend wichtig.

(6) Das Grundgesetz unterscheidet für die Formen von Staatsgewalt („vom Volke aus", Art. 20 II 1): Gesetzgebung, vollziehende Gewalt, Rechtsprechung. Dabei gehört Verfassungsänderung zur Gesetzgebung (Normtexte, Systematik des GG). Ihre Voraussetzungen stehen in Art. 79 I, II, III; im übrigen ist das Verfahren wie bei normaler Gesetzgebung.

Die verfassunggebende Gewalt gehört offenbar auch zur Staatsgewalt. Sie steht dem Volk zu, dieses handelt „kraft seiner verfassunggebenden Gewalt" (Präambel).

„Verfassunggebende Gewalt" heißt einmal: die Macht, über Verfassungssetzung tatsächlich zu entscheiden. Sie soll beim Volk liegen: direkt oder indirekt; für das Grundgesetz gilt: weder – noch. Die Präambel ist in *diesem* Sinn fiktiv. Die Bonner Verfassung kann nicht aus solchen Verfahrensgründen beanspruchen, legitim zu sein, sondern nur wegen einer zweiten Bedeutungsvariante: kraft *fortdauernder* „verfassunggebender Gewalt", das heißt kraft des Verbleibens im Verfassungskern durch dauernde staatliche Praxis und deren implizite Anerkennung durch „das Volk". Das Festhalten an einem inhaltlich verstandenen Kern der Verfassung ist der *Nomos der Bewahrung* der Konstitution; *Nomos einer Verfassunggebung,* die sich auf diese „Gewalt" des Volkes beruft, sind praktizierte demokratische Verfahren.

21.

Das Bonner Grundgesetz ist in einem Verfahren entstanden, das weder nach demokratischen noch nach bundesstaatlichen Maßstäben vor der verfassunggebenden Gewalt gerechtfertigt werden kann. Nach Art. 144 I GG bedurfte es zu seinem Inkrafttreten der Annahme durch die Volksvertretungen in zwei Dritteln der in Art. 23 Satz 1 GG aufgezählten Länder. Der Parlamentarische Rat, durch die Konferenz der Minsterpräsidenten zum 1. September 1948 einberufen, beschloß das Grundgesetz am 8. Mai 1949. Die alliierten Militärgouverneure erteilten am 12. Mai 1949 die grundsätzliche Genehmigung. Die Beschlußfassung der Länderparlamente (zwischen dem 16. und 22. Mai 1949) führte zu einer ausreichenden Mehrheit. Am 23. Mai wurde das Grundgesetz ausgefertigt und verkündet und trat mit Ablauf dieses Tages in Kraft.

Unter demokratischen Gesichtspunkten hatten die Parlamente und Bürgerschaften der Länder, welche die Abgeordneten des Parlamentarischen Rats mit der inhaltlichen Formulierung des Grundgesetzes beauftragten, dazu keine Rechtsmacht. Als Vertretungskörperschaften der Länder waren sie nur zur einfachen Gesetzgebung, zudem nur im Landesbereich bestellt; zur Kreation einer Bundesverfassung waren sie von den Wählern nicht ermächtigt. Der Parlamentarische Rat war keine Constituante. Die Verpflichtung, die Art. 144 I GG enthält, kann nur auf die Suprematie der Besatzungsmächte zurückgeführt werden; die auf *Sieyès* zurückgehende Variante demokratischer Verfassunggebung scheidet für das Grundgesetz aus. Da aber auch ein Plebiszit über das Grundgesetz weder 1949 noch später – etwa nach dem Deutschlandvertrag – stattgefunden hat, spricht die herrschende Lehre entweder von einer „indirekten" Zustimmung durch Teilnahme an der Bundestagswahl von 1949 oder von einem „stillschweigenden" Plebiszit in den Jahren der Geltung des Grundgesetzes seit 1949. Es ist bemerkenswert, daß mit Hilfe dieser vom Ergebnis bestimmten Konstruktionen („indirekt", „stillschweigend"), systematisch gesehen, ausgerechnet die auf *Rousseau* zurückführende Variante demokratischer Verfassunggebung in Anspruch genommen wird.

Schmitt hat es der Rechten im deutschen Staatsrecht nach 1945 schon in seiner „Verfassungslehre" von 1928 vorgemacht, daß „eine *nachträgliche* Konstruktion der verfassunggebenden Gewalt des Volkes (...) leicht zu finden" sei, wenn das Volk eines Nationalstaats „einen bewußten Willen zur politischen Existenz auf der Grundlage dieser nationalen Einheit hat."[1a] Bei solcher Leich-

II. Rechtsfrage: Verfahrensrecht

tigkeit kann es dann „nicht bestritten werden", daß „der Verfassungszustand, wie er seit 1871 vorlag, die Zustimmung des deutschen Volkes hatte", vor allem „nach der Akklamation des Krieges von 1870 und der Reichsgründung von 1871". Auch die Folgerung versteht sich dann von selbst: „Hier ist also die nachträgliche Konstruktion einer demokratischen Grundlage keine Fiktion, obwohl die verfassunggebende Gewalt des deutschen Volkes in der Verfassung von 1871 keineswegs (sic!) anerkannt war und in den konstitutionellen Monarchien der Einzelstaaten in Wahrheit (sic!) das monarchische Prinzip vorausgesetzt ist".

Zur bundesstaatlichen Legitimation der Entstehung des Grundgesetzes ist in der Perspektive der verfassunggebenden Gewalt festzuhalten: Besteht beim Erstellen einer Bundesverfassung kein Gesamtstaatsvolk, kann sich eine solche nicht aus dessen pouvoir constituant ableiten, nur aus den verfassunggebenden Gewalten der Einzelstaatsvölker. Eine Majorisierung der Einzelstaatsgewalten ist unzulässig. Die Mehrheitsklausel des Art. 144 GG nimmt unter den Möglichkeiten bundesstaatlicher Legitimation eine eigenartige Stellung ein. Ihre Konstruktion ist auch dann nicht bedenkenfrei, wenn man ihr die Lehre vom Fortbestand der verfassunggebenden Gewalt des Deutschen Volkes zugrundelegt. Denn es hat 1949 auf westlicher Seite und auch auf Seiten der DDR je eine Staatsgründung und eine Verfassungssetzung gegeben. Der Rest ist ungute Metaphysik; so auch bezüglich des demokratischen Defizits, wenn[2] der Parlamentarische Rat ohne Umschweife zum („räumlich begrenzten") Deutschen Volk ernannt wird.

Dieser demokratische Legitimitätsmangel ist evident. Es ergibt sich, wie notiert, aus dem Verfahren der Verfassunggebung, aber auch aus dem Vorbehalt der Genehmigung des Grundgesetzes durch die Alliierten und aus deren Vorbehalt des Besatzungsstatuts. Die Behauptung des Vorspruchs, das Deutsche Volk habe kraft seiner verfassunggebenden Gewalt das Grundgesetz beschlossen, ist political-science-fiction. Die jetzige Formel wurde vom Redaktionsausschuß des Parlamentarischen Rats mit der Begründung, „Ausgangspunkt sollte die Annahme des Grundgesetzes durch das Volk sein, das allein – kraft seiner verfassungsgebenden Gewalt – die politische Entscheidung trifft"[3], zu einem Zeitpunkt gewählt, zu dem das Grundgesetz noch durch Volksentscheid angenommen werden sollte. Aber nachdem die Ratifizierung durch die Landtage an die Stelle eines Plebiszits getreten war, ließ man die Formulierung stehen. Am Anfang war die Phrase.

[1a] *Carl Schmitt,* a.a.O., 3. Aufl. 1957, S. 95 f.; Hervorhebung im Original. – Ebd. (ohne Hervorhebung) die im Text folgenden Zitate.

[2] Bei *Giese,* Grundgesetz für die Bundesrepublik Deutschland, 3. Aufl. 1953.

[3] Jahrbuch des öffentlichen Rechts Bd. 1, S. 38.

22.

Blütenlese

„*Wenn auch* in der Demokratie mit aller Staatsgewalt (Art. 20 II 1 GG) auch die verfassungsgebende Gewalt vom Volke ausgeht, *so darf man dennoch nicht* dasjenige Volk als Verfassunggeber ansprechen, das in Plebisziten und dergl. zu Worte kommt."[4] Denn „jedenfalls in einer repräsentativen Demokratie *darf das Volk niemals* in seiner natürlichen Unmittelbarkeit, sondern nur gewissermaßen als sein ‚besseres Ich' wirksam werden. Für die Gesetzgebung soll das Parlament dieses ‚bessere Ich' darstellen. *Damit ist es ausgeschlossen,* daß das Parlament sich beim Volke Rat oder gar Entscheidung darüber holt, was es meinen und tun soll ... *Erst recht* kommt als Verfassungsgeber nicht dasjenige ‚Volk' in Betracht, an das die Meinungsforschung sich wendet." Wäre es da nicht besser, wir alle wendeten uns gleich an jenen deutschen Dichter, der da empfohlen haben soll, die Regierung möge das Volk auflösen und sich ein anderes wählen?

Im Umkreis der *Smend*-Schule heißt es: „Verfassunggebung ist in dem, was sie ist, und in dem, was sie schafft, verkannt, wenn sie als einmaliger Willensakt der ‚verfassunggebenden Gewalt' verstanden wird, eine Ur-Gewalt, aus der sich alle konstituierte Gewalt herleitet und deren Gebote kraft ihres Willens zu befolgen sind ... Der Wille des historischen Verfassunggebers vermag die reale Geltung der so geschaffenen Verfassung nicht zu begründen und vollends nicht zu erhalten. Inwieweit es der Verfassung gelingt, diese Geltung zu gewinnen, ist vielmehr eine Frage ihrer normativen Kraft, ihrer Fähigkeit, in der Wirklichkeit geschichtlichen Lebens bestimmend und regulierend zu wirken."[5] Die Verfassung gilt also, wenn sie wirkt; *Verfahren* sind für ihre Legitimität offenbar nicht entscheidend.

Dafür, daß die von der *Smend*-Schule eingeschlagene Richtung für die politisch legitimierende Rolle der verfassunggebenden Gewalt blind machen kann und zu ihrer Erörterung nur noch im Rahmen verfassungsinterner Probleme verleitet, zeugt der Beitrag von *Scheuner*.[6] Er diskutiert die Frage in Zusammenhang mit Art. 146 GG und wendet sich gegen *Schmitt*, dessen dezisionistisches Denken an Verfassung und verfassunggebender Gewalt nicht deren normative Beständigkeit, sondern allein die politische Entscheidung und daher auch die Permanenz der verfassunggebenden Gewalt zu betonen geneigt sei. Wo ein ständiges Vorhandensein der verfassunggebenden Gewalt angenommen wird,

---

[4] *H. Krüger*, Verfassungsauslegung aus dem Willen des Verfassunggebers, DVBL 1961, 685 f.; ebd. das folgende. Hervorhebungen nicht im Original.

[5] *Hesse*, Grundzüge des Verfassungsrechts der BRD, 1967, S. 17 f.

[6] DÖV 1953, S. 581 ff.; dort das im Text folgende Zitat.

stehen wir demnach „vor einer Lehre des demokratischen Radikalismus, der die Beständigkeit der Verfassung aufhebt oder abschwächt". Also gegen historisch konstituierende Urgewalt und zugleich gegen Permanenz in der Zeit? Am besten gleich gegen verfassung*gebende* Gewalt und sicherheitshalber nur noch für die „normative Beständigkeit" der Verfassung? Nichts genaues weiß man nicht.

Klarer äußert sich die *Smend*-Schule im Rahmen eines verfassungsinternen Einzelproblems, bei Ehmke[7]. Dieser wendet sich gegen *Sieyès'* Lehre von der Omnipotenz des pouvoir constituant; zugleich auch gegen die Position Carl *Schmitts* vor allem deshalb, weil bei diesem die verfassunggebende Gewalt als vorhanden und vorausgesetzt behandelt werde. Weil die Theorie der Volkssouveränität wesentlich durch die Theorie bestimmt worden sei, gegen die sie sich richtete, die der Souveränität des absoluten Fürsten, habe das Volk als ebenso absolute Einheit vorausgesetzt, in die Debatte eingeführt werden müssen. Verfassunggebung sei aber nicht „Dezision" eines homogenen Volkswillens. Es habe nur die als zur Verfassunggebung legitimiert anerkannte Gruppe, die (nach C. J. *Friedrich* so genannte „constituent group") in moderner Zeit ständig an Umfang zugenommen. Das Entscheidende der Verfassunggebung liege gerade darin, daß sie verschiedene Gruppen und Kräfte zu einem politischen Gemeinwesen zusammenordne. Aber wie? Einfach nach dem Kräfteverhältnissen? Nach wessen Spielregeln und in welchen *Verfahren* – damit die Rede von des Volkes verfassunggebender Gewalt nicht als Ideologietext leicht-, sondern als Rechtstext ernstgenommen werden kann?

Für die *Schmitt*-Schule[8] ist die Ablehnung einer demokratischen Urabstimmung 1949 ein Akt politischer Wahrhaftigkeit gewesen, da es für das Volk ohnehin nichts zu entscheiden gegeben habe. *Weber* hat die Legitimation des Grundgesetzes vor allem unter dem Aspekt des deutschen Souveränitätsmangels untersucht; von hier nimmt Henke seinen Ausgang, der den Ansatz Schmitts noch ernster nimmt. Nach ihm „ergibt sich die Antwort ohne weiteres, wenn man annimmt, daß verfassunggebende Gewalt und Staatsgewalt ihrem Wesen nach unterschieden sind und daher ein Träger der Staatsgewalt, auch die Militärregierung einer Besatzungsmacht, niemals Träger der verfassunggebenden Gewalt sein kann...". Er räumt ein, der Vorspruch zum Grundgesetz sei ebenso fiktiv wie die Versuche der Literatur, „indirekte" Formen der Rechtfertigung von dessen Entstehung zu konstruieren. Dennoch könne man „im ganzen gesehen" dem Grundgesetz Legitimität nicht absprechen, liege es doch aufgrund

---

[7] *Ehmke,* Grenzen der Verfassungsänderung, 1953.
[8] Hier: W. *Weber,* Weimarer Verfassung und Bonner Grundgesetz, 1949; ders., Spannungen und Kräfte im westdeutschen Verfassungssystem, 1951. – Im Text folgend: *Henke,* Die verfassunggegebende Gewalt des deutschen Volkes, 1957; Hervorhebungen nicht im Original.

von „einheitlichen und starken Reaktionen des deutschen Volkes" ideologisch richtig und beschere „die Erneuerung deutscher Staatlichkeit(!) für 43 Millionen Deutsche nach einer Periode der Unstaatlichkeit."[9] Demnach liegt der Geburtsfehler des Grundgesetzes nicht in mangelnder bundesstaatlicher oder demokratischer Legitimierung unter dem Aspekt der verfassunggebenden Gewalt; dieser wird von dem korrekten *Schmitt*-Schüler weder als juristischer noch gar als verfahrensrechtlicher anerkannt. Denn die verfassunggebende Gewalt des Volkes „als der politische Wille des Volkes, der die Entscheidung über die Verfassung trifft.", erkennbar „in erster Linie" in der „Öffentlichen Meinung", kann weder rechtlich geregelt noch organisiert werden. Ihre Betätigung ist an keine Form und an kein Verfahren gebunden. Sie ist „immer im Naturzustand ... Es gibt schlechterdings keine säkularen Regeln für die Wirksamkeit der verfassunggebenden Gewalt."[10]

Nichts scheuen Ideologen so sehr wie „sakuläre Regeln" über ein so und nicht anders geordnetes tatsächliches Vorgehen, anders gesagt: wie Verfahrensrecht in diesem Bereich. Und dies, obwohl doch die Staatsgewalt „immer schon vorhanden" sei. Äußerungen verfassunggebender Gewalt setzten voraus, „daß das Volk politisch einig ist(!) ... Das bedeutet, da die Nation nicht anders als im Schutz der Staatsgewalt besteht, daß die Ausübung der verfassunggebenden Gewalt das Bestehen der Staatsgewalt voraussetzt(!)[11]

Vor dem Hintergrund der *Schmitt*schen Spaltung von „Verfassung" und „Verfassungsgesetz" ist festzuhalten, daß hiernach die Staatsgewalt niemals beim Volk liegt. Art. 20 II 1 und 2 GG und mit ihnen das Grundgesetz mögen sehen, wo sie bleiben. Die *Schmitt*-Schule hat alle Hände voll zu tun. Wohin kämen wir auch, wollten wir diese Bundesverfassung (zu: verfassunggebende Gewalt / Staatsgewalt) beim Wort nehmen? Hat man sich davon erst einmal freigemacht, dann geht der Vorgang einer Verfassunggebung auf folgende Weise vor sich: „Das Volk trifft die Entscheidung über die Verfassung, die Staatsgewalt stellt den verfassunggebenden Willen des Volkes fest(!) und erläßt ihn entsprechend(!) als Verfassungsgesetz.[12]

Es leuchtet ein, daß von hier aus keine Behandlung des Problems schärfere Ablehnung verdient als die, welche die verfassunggebende Gewalt im positiven

---

[9] *Henke*, S. 134 ff., 136.
[10] *Ebd.*, S. 24 f.
[11] *Ebd.*, S. 31.
[12] *Ebd.*, S. 33. – In: Der Staat, 1968, S. 165 ff., S. 167 interpretiert ders. seine Position dahingehend: er habe versucht, „den pouvoir constituant als tatsächlichen und unveräußerlichen Besitz(!) des Volkes nachzuweisen und ihn aus der Verstrickung(!) in den Begriff der Volkssouveränität zu befreien, ohne ihn, wie die positivistische Staatsrechtslehre, zu zerstören oder aufzugeben."

Verfassungsrecht zu orten unternimmt.[13] *Steiner* sieht die verfassunggebende Gewalt als Ausformung des allgemeinen demokratischen Prinzips, alle Staatsgewalt gehe vom Volk aus. Danach wird die methodische Gleichbehandlung der *vor*konstitutionellen und der *inner*konstitutionellen Rechtserzeugung durch das Volk „von der Logik der demokratischen Idee getragen, daß die Verfassungsgebung ‚erst recht' in der Hand des Volkes oder (...) seiner gewählten Vertretung liegen muß, wenn schon die Ausübung von Gesetzgebung, Rechtsprechung und Verwaltung vom Volk abgeleitet wird". Das Schaffen einer Verfassung wird als rechtliches Phänomen gesehen, wird juristisch behandelt. Die politische, historische und soziologische Deutung des Entstehens einer demokratischen Verfassung bleibt dabei ausgeblendet. Der Autor setzt „das demokratische Prinzip", daß alle Gewalt vom Volk auszugehen habe, undiskutiert als geltend voraus. Die verfassunggebende Gewalt soll also rechtlicher Natur sein und zugleich prä-konstitutionell – auch das wird nicht in Frage gestellt: „Die vorliegende Untersuchung hat sich dafür entschieden, das Verständnis der verfassungsgebenden Gewalt als vorkonstitutionelle Rechtsfigur zur unerörterten Prämisse zu wählen."[14]

---

[13] *Steiner*, Verfassungsgebung und verfassungsgebende Gewalt des Volkes, 1966; hier: S. 25 ff.
[14] *Ebd.*, S. 33; zum Vorstehenden S. 25 ff.

III. Rechtsfrage: materielles Recht

23.

Wichtig ist hier, daß „verfassunggebende Gewalt" nicht mehr nur als verfahrensrechtlicher Normtext für ein zeitlich definiertes Ereignis bzw. für den Vorgang der Verfassungsvorbereitung, -beratung und für das Durchführen der Abstimmung über den Verfassungsentwurf steht, sondern als in der Zeit fortgeltende, dem Anspruch nach Legitimität der Verfassung begründende *Maßstabsnorm* wirkt: Legitimation durch Verbleiben der Verfassungspraxis im materialen „Kern". Verfassunggebende Gewalt ist in dieser zeitlich beständigen Form „durch das Volk" allerdings nicht real ausübbar, nur symbolisch oder vermittelt (durch Nicht-Revolution, durch Nicht-Widerstand, durch Wahl- und Abstimmungsteilnahme). Für „das Volk" ist die angebliche Realisierung von verfassunggebender Gewalt in dieser Spielart nicht vorrangig durch Normtexte oder durch Befolgen von Normtexten wirksam, sondern – in Regression – weitgehend durch Ideologietexte zu behaupten.

Das Ausüben des *Widerstandsrechts* wäre allerdings eine reale Tat der verfassunggebenden Gewalt in diesem Sinn. Im Grundgesetz[1] ist es nicht vorgesehen; von einer zu Ende gedachten und als materielles Recht konzipierten verfassunggebenden Gewalt wird es aber inhaltlich umfaßt.

Das Ausüben des *Revolutionsrecht* ist bereits Ausdruck der (zeitlich, historisch) „nächsten" verfassunggebenden Gewalt: durch Begründen einer neuen, folgenden (nicht notwendig bereits vertexteten) Verfassung. Es betrifft also, insoweit es eine Ausweitung des Widerstandsrechts darstellt und falls es auf eine Widerstands-Lage bezüglich der alten Verfassung mit großangelegten Mitteln („Revolution") generell antwortet, *beide* Varianten der verfassunggebenden Gewalt, die verfahrens- und die materiellrechtliche.

Normalerweise ist die Ausübung des Revolutionsrechts nur „nach vorn" gerichtet, nicht auf den Schutz, sondern auf das Beseitigen der alten Verfassung und auf ihr Ersetzen durch eine neue. In dieser Form ist das Revolutionsrecht nicht normierbar, schon gar nicht durch die alte Verfassung. Es kann nicht auf einen Normtext verweisen, nur auf Ideologietexte, gerade auch auf im Vorgang der Revolution ‚uno actu' hervorgebrachte. Während rechtlich Normieren korrekterweise „vorher" Normieren heißt, ist ein Revolutions„recht" mit normativer

---

[1] (Der Text betrifft den Stand vor dem Gesetz v. 24.6.1968; Anm. d. Hrsg.)

Wirkung erst post festum revolutionis, erst nachträglich postulierbar (wenn die Revolution erfolgreich gewesen ist, und so lange sie es bleibt): also zunächst durch Ideologietexte, die dann gelegentlich in Normtexte der neuen Verfassung übernommen werden.

24.

Für das Bonner Grundgesetz ist in dessen auf Art. 1 und 20 verweisendem Art. 79 III eine Kodifizierung wenn schon nicht in allen Punkten des Kerns der Verfassungsfamilie, so doch des Kerns des Grundgesetzes zu finden. Wenn die Rede von diesem materiellen Kern als *Recht* und von der verfassunggebenden Gewalt als *rechtlich* fortwirkendem (und dadurch legitimierendem) Maßstab im hier verwendeten Sinn selbst legitim bleiben soll, dann muß dieser Kern nicht irgendwie historisch / politologisch / komparatistisch verstanden werden, sondern in Gestalt des Art. 79 III seinerseits als *Normtext;* als Verfassungssatz, der, da er eine Verweisungsvorschrift ist, wiederum auf nichts sonst als auf andere Normtexte hinführt.

Das festzuhalten ist wegen der Formulierung in Art. 79 III wichtig, geschützt würden auch die in Art. 1 und 20 niedergelegten „Grundsätze".

Entgegen einer (vor allem rechts) beliebten Interpretation müssen grammatische, systematische, genetische und die sonstigen Konkretisierungselemente angewandt, müssen diese „Grundsätze" als Normtexte, ohne normative Abschwächung verstanden und praktisch behandelt werden. Maßstab ist also nicht nur jeweils „ein Teil" der Art. 1 und 20. Diese Artikel dürfen auch nicht im ganzen un-normativ, als Proklamationen oder Absichtserklärungen gesehen werden, auch nicht nur als verfassungspolitische Bekenntnisse / Ziele (in diesem minimalistischen Sinn von „Grundsätze"); sondern als die in Art. 1 und 20 normierten *Grund(sätzlichen Rechts)sätze;* also im Sinn einer Unterstreichung der *verfassungstragenden Grundvorschriften,* die Art. 1 und 20 nach Architektur und Systematik der Verfassung sowie nach ihren Wortlauten unbestritten sind. Allein diese Sicht entspricht ferner der Funktion des Art. 79 III innerhalb des Grundgesetzes sowie der hier skizzierten Funktion der verfassunggebenden Gewalt als *Normtext* dieser Verfassung (ihrerseits in Präambel und Art. 20 II 1, ferner noch in Art. 146 an systematisch herausragender Stelle plaziert).

Unvereinbar damit ist die immer wieder einmal versuchte Auslegung, Art. 1 und 20 mit ihren „Grundsätzen" im Sinn einer Abschwächung ihres normativen Charakters und damit gleichzeitig als entscheidende Reduzierung von Art. 79 III selbst aufzufassen; damit nicht zuletzt auch der verfassunggebende Gewalt. des Volkes nach dem Grundgesetz, deren *materiell*rechtlicher Ausdruck vor allem Art. 79 III ist.

Verfassunggebende Gewalt des Volkes: „Verfassung"

25.

Die rechtliche Gesamtordnung gruppiert sich um normative Elemente des Kerns, des *Typus* dieser Verfassungsfamilie. Die *Maßstäblichkeit* des vergleichend beschriebenen Typus ergibt sich, wenn „verfassunggebende Gewalt" in Verfassungstexten positivrechtlich figuriert. Der verfaßte Staat ist dann, global gesehen, legitim, wenn seine Gewalt einer Verfassung entstammt, die einem bestimmten Kernbestand der Verfassungsfamilie entspricht. Soweit die Ideologie zu dieser Sicht von verfassunggebender Gewalt.

26.

Die Rede von der verfassunggebenden Gewalt des *Volkes* setzt (in aller Regel: fingiert) dieses als das historische Subjekt eines historischen Vorgangs (*„Geben"*), als dessen Produkt die *Verfassung* erscheint. Daß all dies viel komplizierter ist, wurde schon klar; auch, daß eine zentrale Aufgabe dieser Redeweise eben darin liegt, so schrecklich zu vereinfachen. Den materialen Verfassungskern – Maßstab für „verfassunggebende Gewalt des Volkes" – einmal beiseite gelassen, sind Verfassungen umso weitgehender Konglomerate einzelner Privilegien, Positionen, Besitzstände, gruppenspezifischer Staatsziele, als „das" Volk uneinheitlich und als die tatsächlichen Geber untereinander heterogen sind. Der Verfassungskern klopft dagegen mit dem, was er nennt, wie mit allem, was er schweigend voraussetzt, Besitzstand und Vorrangstellung der dominierenden Gruppe umso energischer fest; so geschehen mit der Position des Wirtschaftsbürgertums im liberalen Verfassungsmodell seit *John Locke*.

Verfassunggebende Gewalt des Volkes: „Geben"

27.

Der Ausdruck „Verfassung*geber*" ist eher irreführend. Liegt die verfassunggebende *Gewalt* nicht vor allem bei dem, *dem* die Verfassung übergeben, überlassen, in die Hand gegeben wird; der ab dann letzter Zurechnungspunkt und Legitimationsträger für ihr Fortbestehen, ihr Fortgelten sein, bei dem die Dispositon über diese Verfassung in Zukunft liegen soll? Der Verfassunggeber gibt die Verfassung nicht weg, nicht aus der Hand. Sie wird ihm für künftige Praxis zur Verfügung gestellt. Insofern er für ihr Fortgelten verantwortlich sein soll, ist er es der Fiktion nach auch für ihr In-Geltung-Setzen. Ob *er* die Verfassung tatsächlich historisch gegeben, aus eigener Macht erlassen hat, ist für diesen Aspekt sekundär. Theoretisch kann ein absoluter Monarch eine konstitutionell-demokratische Verfassung erlassen und, zugleich zurücktretend, die Staatsform ändernd, „das Volk" zum Träger der Verfassung machen: nicht er, sondern das Volk gälte für die *zukünftige* Praxis als Verfassunggeber. Umgekehrt „handelt" in der mittelbaren Demokratie ja auch das Volk, repräsentiert durch Abgeordnete.

„Geben" meint, bis hierher, ideologisch vor allem das Konstituieren eines Verfassungsstaates unter Angabe eines Zuordnungs-, Zurechnungs- und insofern Legitimations-Punktes, der für die Aktion, die Lebensdauer, die Konkretisierung dieser Ordnung maßgebend sein soll. Das „Geben" muß als Normtext den historischen Augenblick der grundsätzlichen Einsetzung dieser Ordnung als einer verfassungs*rechtlich* legitimiert, konstituiert und begrenzt sein sollenden umfassen: Notwendigkeit eines demokratischen Verfahrens (oben II).

Nicht meint das Geben ein späteres Setzen von Normen mit Verfassungsrang. Verfassungsänderungen haben mit dem Problem der verfassunggebenden Gewalt nur bei grundstürzendem Wandel zu tun, der die staatsrechtliche Identität dieses Gemeinwesens beseitigen würde; im Grundgesetz ist das durch Art. 79 III aufgefangen.

Inhaltlich kann das „Geben" nur als erzwungenes *einheitlich* sein; im besten Fall ist es konsensual, aber mit Mehrheitsentscheidung. In aller Regel besteht nur die *formale* Einheitlichkeit der Verfassungs*urkunde* und ihres normenhierarchisch höheren Rangs gegenüber den Vorschriften des einfachen Rechts; diese Hierarchie wird durch spezielle Vorschriften (z. B. erschwerte Änderung, Kontrollnormen, Überprüfungsverfahren) realisiert. Inhaltlich wie oft auch in ihrer historischen Herkunft und Funktion sind die Normen der Verfassung im Regelfall heterogen. Auch erscheinen die späteren Verfassungsänderungen „im Rahmen" der Gesamtordnung, also ohne Tangieren des Komplexes der verfassunggebenen Gewalt, als eine Quelle weiterer Uneinheitlichkeit des „Gebens": denn ein Staatsgrundgesetz *gilt* rechtlich immer in seiner *derzeitigen* Fassung. Es wird also jeweils in ihr dem Legitimationsträger „Volk" zugeschrieben, ohne in diesen Fällen vom Volk (ursprünglich) „gegeben" worden zu sein; hier überlagert das Repräsentativsystem – Verfassungsänderung durch qualifizierte parlamentarische Gesetzgebung – die als solche Unmittelbarkeit suggerierende Metapher vom „Geben" der Verfassung.

Das „Geben" im Fall der Constituante – repräsentativ, für das Volk, aber das Volk einsetzend als Zurechnungssubjekt, unmittelbar dagegen im Fall des konstituierenden Plebiszits – gibt nicht „dem Staat eine Verfassung", sondern „gibt" den Staat *als* Verfassungsstaat, konstituiert ihn als solchen, *verfaßt* einen Staat nicht nur im ausformenden, sondern zuerst im ihn begründenden Sinn.

Die Versuchung, nicht nur zu denken: Es gibt das Gegebene in einem *Gegebensein,* sondern auch: Es gibt das Gegebene in einem *Geben,* führt auf die nicht nur direkte, sondern auch permanente Demokratie; auf ein halb *Rousseausches*, halb anarchistisches Modell. Das „plebiscite de tous les jours" ist dort nicht als Ideologie angezielt, die in Wahrheit doch nur ihr Gegenteil beschwört, sondern als Realität.

Von einem Geben durch „das Volk" könnte allenfalls gesprochen werden, wenn das Volk in der Folgezeit, trotz faktischer Möglichkeit hierzu, keine Revolution macht, also, wie man sagt, die Verfassung lebt.

Dann verschiebt sich aber das „Geben" zu einem Geltenlassen, vom historischen Inkraftsetzen zum Inkraftbleiben der Verfassung, vom Setzen allein hin zum positiven Gelten, damit aber weg vom Verfahren hin zum Inhaltlichen des wirkenden, die Rechtsordnung tragenden Grundgesetzes. Die Legitimation verschiebt sich vom Gründen der Verfassung zur Verfassung selber. Sollte etwa 1933 in Deutschland die verfassunggebende Gewalt des Volkes am Werk gewesen sein? Zwar im vorliegenden Kontext nicht, indem das Volk die Revolution durchführte, eine neue Verfassung „gab", eine *Schmittsche* „Gesamtentscheidung" über die „Art und Weise seiner politischen Existenz" traf, sondern indem es sie hinnahm, bzw. ihr akklamierte, bzw. die Verfassung lebte? Oder war dieser Staat *nur* deshalb nicht legitim, weil „in Wirklichkeit" das Volk diese Verfassung nicht „gegeben" oder sie nicht hingenommen, gelebt, nicht ihr akklamiert habe? All das sind recht unkontrollierbare Maßstäbe, da sowohl das emphatische „Verfassung-Leben", das man der Schweiz nachsagt, als auch eine Volks-Revolution seltene Grenzfälle bleiben. Immer sonst ist diese Meßlatte unbrauchbar.

Nach dem hier eingeschlagenen Weg stellt sich die Frage nach der verfassunggebenden Gewalt eben nicht als die nach einem Ideologietext; sie vermeidet das Willkürliche, das kaum Kontrollierbare von Einschätzungen der soeben angesprochenen Art. Einen Normtext einer (nicht existenten) Verfassung, der diese Art von Legitimation beansprucht hätte, hatte das Nazireich nicht aufzuweisen. Es konnte sich damit, nach dem hier vorgeschlagenen Konzept, auf legitimierende „verfassunggebende Gewalt des Volkes" von Anfang an nicht berufen.

Verfassunggebende Gewalt des Volkes: „Volk"

28.

„Volk" darf nicht als Metapher fungieren; das Volk muß als empirisches politisches Subjekt auftreten können. Das Konzept braucht nicht „das Volk" als unverbindliche Redeweise, die alles deckt; es braucht keinen „Gemeinwillen", der sich nicht empirisch politisch nachprüfen und ausweisen lassen müßte, sondern ein „Volk", das institutionell auch tatsächlich als Kontroll- und Verantwortungsadressat und -agent auftreten kann: Wahl / Abwahl sowie freie Abstimmung als die demokratische Komponente des Verfassungskerns.

Es ist daher im Ansatz gerechtfertigt, daß sowohl Staatsgewalt (Art. 20 II) als auch verfassunggebende Gewalt im Grundgesetz „das" Volk anrufen in dem Sinn, daß beide *„vom Volk"* kommen sollen: nicht falsche Mystik, nicht unverbindliche Metaphorik, sondern positives Verfassungsrecht. Auch für die Staatsgewalt ist das Volk der legitimierende Ausgangspunkt und zugleich die Instanz, vor der sich diese Gewalt ständig zu verantworten hat.

29.

Die Lehre von der verfassunggebenden Gewalt „des" Volkes hat tendenziell immer „das" Volk blockhaft dargestellt – offenbar ist das eine raison d'être der Lehre.

Dies ist aber in zwei Schichten zu sehen. Einmal die *Darstellung* der Doktrin, die theoretischen Vorgaben, Postulate: ein einheitliches Volk; „das" Volk als Ganzes (Holismus). Im holistischen Vorgehen liegt eine wichtige Gemeinsamkeit zwischen „Einheit der Verfassung" und „verfassunggebender Gewalt".

Der Sache nach aber wird häufig „das" Volk gerade nicht ganz und einheitlich, nicht ohne Ausschluß von Gruppen aus *inhaltlichen*? Gründen, ohne Diskriminierung begriffen. Es wird dann nicht empirisch als *die Bevölkerung,* sondern inhaltlich (schichten-, klassen-, nicht selten rasse- und religionsdifferent, volksspezifisch [Eroberer, Kolonialisten, „Substrat", „Eingeborene"]) selektiv, also partiell und ungleich erfaßt.

In dem Maß, in dem solches nicht zugegeben werden soll, wird vom Konzept „verfassunggebende Gewalt des Volkes" ein ideologischer Gebrauch gemacht. Die Bevölkerung (ein Begriff, mit dem sich noch keine legitimierende Theorie hat schmücken mögen) ist immer nach sozialen Klassen / Schichten und ohnehin immer nach der Geschlechterdifferenz gespalten. Männer haben über den allergrößten Teil der uns bekannten Menschheitsgeschichte hin die Frauen praktisch beherrscht, sie tendenziell entrechtet; und sie tun es weiterhin auf dem größeren Teil des Planeten. Von ethnischen, den sogenannten rassischen (Hautfarbe, Körperbau), den religiösen und sprachlich / kulturellen Differenzen, die einer Bevölkerung tatsächlich innewohnen, die ein „Volk" als legitimierenden *Ein-*

---

2 „Volk" („peuple") meint auch bei *Rousseau* nicht die empirische Bevölkerung; vielmehr die dem Gemeinwohl verpflichteten Staatsbürger (citoyens). Es handelt sich um einen theoretisch anspruchsvollen Begriff; in diesem Sinn *ist das Volk durch politische Maßnahmen erst zu erschaffen.* – Der Begriff diskriminiert aber nicht durch reale (juristisch / gewaltsame) Exklusionen.

*heits*begriff aber nach allzu verbreiteter Praxis zusätzlich in Frage stellen, ist dabei noch nicht einmal die Rede.

Die Geschichte bordet zugleich von nicht verfassungs-, sondern gewalt- und ideologiegeleiteten Versuchen über, Menschengruppen zum „Volk", sie in diesem Sinn „homogen" zu machen: Vertreibung, gewaltsame Aussiedlung, Nötigung zum individuellen Exil, Ausrottung, Deportation in lebensfeindliche Gebiete; oder auch Zwangsmissionierung, sonstiger Assimilationsdruck, Entrechtung. Gerade die letztgenannte Möglichkeit ist, da Rechtsmacht betreffend, eng mit prozeduralen und materiellen Chancen zur Verfassung„gebung" qua „Volks"zugehörigkeit verknüpft: Heloten, Kolonisierte, ethnische, rassische oder religiöse Minderheiten werden daran gehindert, zum kollektiven Subjekt verfassunggebender Gewalt zu gehören. Dasselbe hat sich auch immer wieder für die beiden Gruppen als Schicksal erwiesen, die durch keine der genannten Gewalttaten beseitigt oder assimiliert werden konnten und sollten: für die Frauen und für die Armen.

Etwas anders liegen die positiv gewendeten Vorhaben, ein Volk zu homogenisieren: durch gewaltgestützte ökonomische Strukturierung beim *Platon* der „Politeia", durch politisierende Agitation bei dem des „Politikos"; oder wie im radikalen Demokratisierungsprogramm *Rousseaus*: Erziehung, Agitation und vorbildhafte Verfassunggebung (législateur), republikanische Gewohnheiten (mœurs).[2a] Es geht im letztgenannten Fall darum, das Volk als *politisches* Subjekt zu erzeugen, es durch Politisierung „einheitlich" zu machen; hier ist damit auch Platz für Frauen und für Arme. An den Rändern solcher Erziehungsdiktatur, solcher réligion civile, gegenüber hartnäckig dissentierenden Heterogenen, steht dann aber bei *Platon* wie bei *Rousseau* ärgste Repression als logische, aber unannehmbare Folgerung.

30.

In all diesen Fällen wird die heterogene Bevölkerung zugunsten der Privilegierten gewaltsam ver"ein"heitlicht; wird „das" Volk durch Sprachmonopol und Definitionsmacht der vorherrschenden Gruppe(n) als verfassunggebend fingiert. Akzeptabel im Gegensatz zu solchen Gebrauchsweisen der hier untersuchten Redefigur als Ideologietext ist allein ihre Verwendung als *Rechtstext:*

(1) Begründet wird ein *Verfassungs*staat. Dieser legitimiert sich – so anspruchsvoll aufgefaßt, wie er nach der geschichtlichen Erfahrung aufgefaßt

---

[2a] Damit ist nicht der Ausschluß von Kindern / Jugendlichen oder von ihrer selbst nicht mächtigen Kranken gemeint – obwohl im zweiten Punkt massive Definitions-(Repressions-)probleme stecken *können,* die jede dahin gehende Praxis illegitim machen.

werden muß – durch die implizite Devise: Wo rechtlose Gewalt war, soll konstitutionelle werden!

(2) Wer überhaupt wirksames Subjekt von Verfassunggebung wird, war immer eine Machtfrage: eine der Herrschaft der stärksten einzelnen oder des Waffenstillstands zwischen den mehreren stärksten Gruppen. So ist stets nicht nur in bezug darauf vorgegangen worden, *wer* „das Volk" sei, sondern auch darauf, *wie* „gegeben" und *was* als „Verfassung" in Kraft gesetzt werden sollte.

(3) Wo sich nun aber eine Verfassung mit einem oder mehreren ihrer Normtexte auf des Volkes konstituierende Gewalt beruft, um sich zu legitimieren, ist sie endlich beim Wort zu nehmen: tatsächlich demokratische *Verfahren* der Verfassunggebung plus inhaltlicher *Kernbestand* auf dem höchsten Niveau der Normenhierarchie plus Ausschluß jeglicher Diskriminierung inhaltlicher Art gegenüber der Bevölkerung[3] plus unzweideutiges Beseitigen etwa bestehender Deklassierungen in bezug auf rechtlich wirksame Zugehörigkeit zum konstituierenden *Volk*.

31.

Mit „dem" Volk kommt aber auch das Repräsentationsproblem herein, ein breiter Fächer von möglichen Verfahrenstypen, deren Ergebnisse – noch so elitär, noch so mittelbar – der Idee nach dann doch „dem Volk" angehängt werden. *Konkret* ist es nie das Volk, das (sich) die Verfassung gibt, auch nicht im Fall der Akklamation, nicht einmal im Fall geheimer plebiszitärer Abstimmung und schon gar nicht bei bloßer Zustimmung durch Repräsentanten.

Konkret durch das Volk scheint all das nur bei „echter" Volksrevolution zu laufen, wobei die neuen Kernpunkte der Verfassung vielleicht durchaus kollektiv klargestellt werden können. Aber auch hier bleibt in Großgruppen ein ungelöstes Repräsentationsproblem, da nie das ganze Volk die Revolution durchführt, nie das Volk sich homogen einig ist und selbst unter den homogen Einigen das „Geben" als ein tatsächlicher, als punktuell-historischer Akt durch Revolutionieren *nicht* gleichwertig ist einem „Geben" durch passives Hinnehmen.

Die Frage, *wem* die Verfassung zuzuschreiben sei, kann nur eingeschränkt Maßstäbe der Legitimität liefern. Sogar noch in diesem beschränkten Rahmen bleiben stets Repräsentationsprobleme undurchsichtiger Art und – da die alte

---

[3] Neben *Lebensalter* und „*Geistes*"*zustand* ist allenfalls die *Nationalität* ein diskutierbarer Ausnahmegrund; dies aber nur insoweit, als Normtexte der Verfassungsurkunde den Begriff „Volk" klar auf „Staatsangehörige" eingrenzen.

Verfassung nicht mehr, die neue noch nicht gilt und da das *Verfahren* notwendig selbstgeschneidert ist – auch besonders ungesicherter Art.

Es ist jedenfalls gut, ein Wort für „Bevölkerung" zu haben. Denn „Volk" ist ein präskriptiver, ja ein normativ gebrauchter Begriff; „gebraucht" dabei im dreifachen Sinn von benötigt, verwendet, abgenutzt.

Man kann wahrscheinlich zurückgehen, so weit man will, und das würde sorgfältige Bestandsaufnahme verdienen: Nur als Beispiel ist $\delta\tilde{\eta}\mu o\varsigma$ bei *Perikles*, kaum durch Zufall, höchst selektiv: alle (a) Freien, (b) Männer, (c) Athener; ist die römische „Volks"einheit durch energische, rechtlich und institutionell liebevoll ausgefeilte Dualismen (Volk – Adel) aufgespalten und beruhte schon die (vorübergehende und partielle) sumerische Kommunaldemokratie, trotz im allgemeinen guter Rechtsstellung der Frauen, auf Selektion: (a) freie, (b) wehrtaugliche, (c) Männer als alleinige Mitglieder der „Volks"versammlung.

In der Urkirche: von $\kappa\lambda\tilde{\eta}\rho o\varsigma$ (→ clerus) zu $\lambda\alpha\acute{o}\varsigma$ als historisch recht rasche Differenzierung aus „Gemeinde", „Volk Gottes" in eine zweistufige, neben „Klerus" ein zusätzliches Wort für „Laien" erfordernde Hierarchie bietet ein faszinierendes Beispiel für die Aufspaltung von „Volk" („Gemeinde" = alle) unter dem Druck einer faktischen Differenzierung (Arbeitsteilung → Funktionsteilung → Funktionenhierarchie → Institutionen- und Normenhierarchie) hin zu verfestigenden Herrschaftsstrukturen.

Ist etwa für jene, *die sich nicht auf das Volk berufen* (um sich zu legitimieren) Volk gleich Bevölkerung? Ist als Untertan (Volk) vielleicht jeder recht, nur nicht dagegen als Zuschreibungspunkt der Legitimation von Herrschaft? Nein: Heloten, Ureinwohner, Okkupierte, „Minder"rassige, Unterschichten und, natürlich, Frauen, waren in der Regel als Unter-Untertanen so willkommen wie unentbehrlich.

Die sich auf das Volk berufen, differenzieren entweder offen: „das" Volk = *ein* konformes Segment aus der Bevölkerung[4]; oder sie tun es versteckt, so *Locke* mit seinem Entwurf für eine bürgerliche Verfassung: wem nützen diese Institutionen und Grundrechte? Wer ist der „Jedermann", der nach liberaler Theorie bekanntlich seines Glückes Schmied ist?

Die Selektion innerhalb von „Volk" kann also einmal offen oder verdeckt, zum anderen kann sie ideologisch oder rechtlich formell sein. Diese Einteilungen überschneiden sich auch: offen / ideologisch (chinesische KP) – durch Formalismus verdeckt / verrechtlicht (Liberalismus). Außerdem können ideolo-

---

4 „In der gegenwärtigen Etappe, in der Periode des Aufbaus des Sozialismus, gehören zum Volk alle Klassen, Schichten, gesellschaftlichen Gruppen, die den Aufbau des Sozialismus billigen, unterstützen und dafür arbeiten", Worte des Vorsitzenden *Mao Tse-Tung*, Peking 1967, S. 56.

gische Kriterien jederzeit normativiert werden (ausschließende Strafen für Dissidenten; Aberkennung der bürgerlichen Ehrenrechte durch das politische Strafrecht; Entmündigung mittels einer Politisierung / Ideologisierung des in diesem Zusammenhang ohnehin zutiefst fragwürdigen Begriffs „Krankheit". Die harten Kriterien pflegen schon immer verrechtlicht zu sein: *Geschlecht* (Wahlrecht nur für Männer, zum Teil bis weit in das 20. Jahrhundert), *Stufenbau der Gesellschaft* (Freie, Halbfreie, Sklaven, mit beträchtlichem Erfindungsreichtum gestuft), *ökonomische* (Steueraufkommen, Grundeigentum) oder *sonstige Pluralwahlrechtssysteme* (z.B. „Bildungs"grad, sprich Ausbildungszertifikate). Ein herabgesetzter Rechtsstatus *religiöser* oder *ethnischer Minderheiten,* in der Republik Südafrika gar *chromatischer* (mit Liebe zum Detail hierarchisierte Haut-Farbenskala), ist gleichfalls erfahrungsgemäß rechtlich positiviert.

Zu „Volk" nach dem Grundgesetz: Nach Textlage und Zusammenhang (grammatische und systematische Interpretation) ist das „deutsche Volk" in Präambel und Art. 146 GG identisch mit „dem Volk" in Art. 20 II. Einschränkungen dessen, was „Volk" rechtlich heißen soll, gibt das Grundgesetz an diesen drei Stellen nicht.

Dagegen legt Art. 116 I fest, wer „Deutscher im Sinne dieses Grundgesetzes" sei; und Art. 38 II, wer wahlberechtigt und wählbar sein, also zum Aktivvolk gehören soll. Da hier Gesetzesvorbehalte bestehen (Art. 116 I: „vorbehaltlich anderweitiger gesetzlicher Regelung"; Art. 38 III: „Das Nähere bestimmt ein Bundesgesetz", wobei dieser Vorbehalt weniger Gestaltungsmacht läßt als die „vorbehaltlich"-Klausel des Art. 116 I GG), bleiben gesetzliche Einschränkungen möglich. In deren Details – z.B. Aberkennung des Wahlrechts aufgrund politischer bzw. als politisch wertbarer Delikte, deren Verfassungsmäßigkeit dann aber zweifelhaft wäre – mag dann der eine oder andere Teufel stecken.

Der hier zu untersuchende Ausdruck täuscht „das" einheitliche Volk vor, wo es nur die erfahrungsgemäß heterogene Bevölkerung gibt. Statt die realen Spaltungen offenzulegen und zu bearbeiten, werden sie von global (holistisch) legitimierenden Formeln möglichst verdeckt. Das liegt an der Notwendigkeit, zu legitimieren, um den wie auch immer erzielten Waffenstillstand in Verfassungsform stabil zu machen. In der voraufgehenden Kampfsituation dagegen, jedenfalls wo sie offen auftritt, berufen sich die Protagonisten, auch Umstürzler, nur auf das mehrheitliche oder das gute oder das wahre Volk unter scharfer, zum Kampf motivierender Ausgrenzung der feindlichen Gruppen[5].

---

[5] Im Anschluß an die in der vorigen Note gegebene Definition von „Volk": „dagegen sind alle gesellschaftlichen Kräfte und Gruppen, die sich der sozialistischen Revolution widersetzen, die dem Aufbau des Sozialismus feindlich gesinnt sind und ihn zu untergraben versuchen, Feinde des Volkes"; *Mao Tse-Tung,* a.a.O., S. 56.

Bei Marx / Engels ist die Schar der Gegner winzig: die Produktionsmittel innehabenden Bourgeois, die zu enteignenden Enteigner; riesig dagegen die eine sozialistische Revolution legitimierende proletarische Masse. Auch die Ansätze der älteren Tradition wandten sich zumindest *de facto* nur an bestimmte Schichten als an „das" (ihr) Volk. Während für *Bodin* und *Althusius* „Volk" noch die Züge der „organisch gegliederten" universitas des Feudalismus trägt, geht *Locke* in der Nachfolge *Hobbes'* schon vom bürgerlichen isolierten Individuum als dem Konstrukt aus, das den Rechtfertigungsinteressen der aufsteigenden nachfeudalen Führungsschicht am fügsamsten ist. *Hobbes* war als erster *epochemachender* Autor[6] nicht mehr vom Volk als hierarchisch „organ"isierter Gesamtheit ausgegangen, sondern als von einer empirischen Summe zusammengerechneter atomisierter Individuen. Allerdings macht für ihn nur der König diese empirische „Menge" zum *Volk;* und der Herrscher bedarf dieses Volkes nicht, um gerechtfertigt zu erscheinen.

Bei *Locke* ist die Hierarchie – ideologisch nach-antik, gesellschaftlich nachfeudal – dann ökonomisch bestimmt. All das einbezogen, was er ungesagt voraussetzt (die verfassungsrechtlichen Institutionen Englands), und was er offen aussagt (nämlich die „Einführung des Geldes" als „zweiten Abschnitt" des „Natur"zustandes, ursprüngliche Akkumulation, Marktfreiheit, „freie" [vogelfreie] Lohnarbeit, Aneignung des Produkts durch den Eigentümer der Produktionsmittel, riesige wirtschaftliche Ungleichheit), entpuppt sich der *Locke*sche Jedermann, der Wahlberechtigte, der Grundrechtstitular und Träger des Widerstandsrechts als der aufgrund seiner ökonomischen Stellung bereits einflußreiche Besitzbürger. Wenn die Bourgeoisie letztlich die verfassunggebende Gewalt bestimmend ausübt, sie im Namen „des Volkes" usurpiert hat, dann kann und wird sie diese umso ungestörter in ihrem Interesse (zugleich: im Funktionsinteresse der zu ihrem Vorteil organisierten Gesellschaft) ausüben.

Demgegenüber wird wohl erstmals bei *Rousseau* „Volk" ehrlich und umfassend verwendet, jedenfalls in der Reihe der Großtheoretiker.

Das Volk wird sonst *selektiv* erfaßt nicht nur qua: die Oberschicht / die Eroberer / die Freien / die Christen / die Eigentümer / die Proletarier / die Parteimitglieder, etc., sondern in praxi *auch* danach, ob Volk bzw. Bevölkerung träge und nicht widerspenstig oder aufgeregt und widerspenstig, ob sie also „praktisch-inert" oder „hektisch" sind (wie sich *Sartre* in der *Critique* ausdrückt).

Aus Überschneidungen beider Selektionen ergeben sich etwa „Volk" versus „Pöbel" bei *Aristoteles* bzw. die bei den meisten der *founding fathers* der US-Bundesverfassung grassierende Furcht vor dem „man in the street". Schließlich ist es eine vertraute regierungsamtliche Tatsache, daß Demonstranten und Pro-

---

6 und in diesem *Sartre*schen Sinn als erster „Philosoph" (im Gegensatz zu den die Epoche nur betreibenden, gleichsam ausschmückenden „Ideologen").

testträger, wo auch immer auftretend, nicht selten „vom Ausland" (also von außerhalb des eigenen braven Volkes) verführt und bezahlt sind.

Im Unterschied zu alledem mußte *Rousseau*, gerade weil er nicht diskriminieren, sondern die empirische *Bevölkerung* zum rechtfertigenden *und* handelnden, entscheidenden *Volk* machen wollte, einen territorial überschaubaren, kapitalistisch unentwickelten und daher ökonomisch und sozial noch einigermaßen homogenen Kleinstaat voraussetzen. Das Postulat der Einheitlichkeit des republikanischen Volkssouveräns und die Maßnahmen, sie zu verwirklichen, erschienen als Gegengewicht zur (ebenfalls legitimierenden) „Einheitlichkeit" des Fürstensouveräns notwendig. *Sieyès* hat dann aus Pragmatismus ein repräsentatives Verfahren der Verfassunggebung ins Spiel gebracht.

Die Massivität der Wirkung des liberalen Individualismus zeigt sich bis in die – taktisch gewählte – Sprachgestalt *der* antiliberalen Konzeption, der *Rousseau*schen, hinein. So nachhaltig hatten die bürgerlichen Philosophen / Ideologen den Umbruch von der Feudalwirtschaft zu der von Kapital und Markt, die Umwälzung vom feudalen polyzentrischen Gemeinwesen zum Max *Weber*schen rationalen modernen Anstaltsstaat befördert. Auf der Seite der Beherrschten waren dabei die vielfältig gestuften Bindungen und Einbindungen (d.h. Verpflichtungen, aber auch Sicherungen) der empirischen Untertanen hin zur „Freiheit" des ausgesetzten Individuums transformiert worden; auf der Seite der Herrschaft die Zentralisierung der vielfachen und je partiellen feudalen Obrigkeiten hin zum vorgeblich neutralen, allumfassenden Staat als dem *souveränen*.

32.

Augenscheinlich wirkt „verfassunggebende Gewalt" als Widersprüche zudeckender Begriff:
– die constituent groups und ihre Differenzen werden verschwiegen („das Volk", „des Volkes");
– der Kompromiß-(Waffenstillstands)charakter der Verfassung wird nicht angesprochen;
– selbst bei einem Plebiszit kommen nicht zu Wort: die Minderheit und die Nichtbeteiligten bzw. die, die aus Gründen „sozialer Restriktion" im Ergebnis nicht teilnehmen können, die aber gleichwohl rechtlich betroffen sein werden.

Das möglicherweise Spaltende liegt nicht an den Begriffen (und Realitäten) „Gewalt" und „Verfassung" oder an ihrer Verbindung zu „Verfassunggebende Gewalt". Vielmehr ist „die" verfassunggebende Gewalt des Volkes schon deshalb und solange eine Unterstellung, weil und als der bestimmte Artikel, sei es im Nominativ oder im Genitiv, *ein* Volk vorspiegelt.

III. Rechtsfrage: materielles Recht

Die zuletzt gemachten Bemerkungen scheinen die Sensibilität für Minderheiten zu weit zu treiben. Sie tun es aber nicht, solange bei einem so grundlegenden Vorgang wie der Konstitutierung von Staatsgewalt (also eines – wenn auch demokratisch / rechtsstaatlich geformten – Gewaltstaates) blockhaft „das" Volk als Quelle von Legitimität genannt, die Verfassungsgewalt ohne Differenzierung „dem" Volk zugeschrieben wird. *Der Bruch liegt in der Tatsache der Verfassunggebung selbst:* Eine Verfassung ist dann und deshalb unumgänglich, wenn und weil das Volk selbst nicht „in Verfassung ist". Wo eine Verfassung funktional ist, ist es jedenfalls mit „dem Volk" als gebendem Subjekt schon aus. Ist ein Politisches System überhaupt realistisch denkbar, in dem, weil das Volk sich unmittelbar selbst bestimmt, die Frage nach einer verfassunggebenden Gewalt des Volkes überflüssig geworden ist?

Das Grundgesetz braucht sich solche Sorgen nicht zu machen: es stützt sich auf „des" Volkes Verfassungsgewalt, also auf die im genannten Sinn spaltende Formel. Entsprechend unbekümmert argumentiert das Bundesverfassungsgericht, das die Bonner Verfassung ja als legitim behandelt: Nach dem Demokratieprinzip müsse *das Volk selbst* über Staatsbildung und Verfassunggebung entscheiden, der Form nach entweder durch Volksabstimmung über den Text oder durch (doch wohl demokratische?) Einberufung einer verfassunggebenden Versammlung (BVerfGE 1, 14 ff., 41, 50 f., 60). Abgesehen von „letzten Gerechtigkeitswerten" als Bindung der Bundesverfassung sei es mit deren „Wesen unvereinbar, daß der verfassunggebenden Gewalt von außen Beschränkungen auferlegt werden" (BVerfGE 1, 14 ff., 32, 61; E 3, 225 ff., 232 f.). Die Frage wird nicht überzeugend beantwortet, von welcher Verfassung – denkt man an die Bedingungen, unter denen die Bonner Konstitution von 1949 in Kraft gesetzt wurde – hier eigentlich die Rede sein soll. Legitimität für die Frage ihrer Entstehung kann ihr auch nicht nachträglich durch das oberste Verfassungsgericht eingehaucht worden sein, denn diesem kommt, insoweit überzeugend, verfassunggebende Gewalt nicht zu (BVerfGE 3, 225 ff., 235 ff.)

Die Frage kann für die *Verfahrens*variante der hier besprochenen Legitimationsfigur gar nicht beantwortet werden; denn nach der Textlage des Grundgesetzes, gegen den Strich als Spaltungsformel gelesen, ist das auch nicht mehr nötig: Das deutsche Volk *gibt* (Präambel), *beschließt* (Art. 146 GG) sich seine Verfassung und übt dabei durch Konstituieren und durch Legitimieren des staatlichen Gewaltpotentials selbst *Gewalt* aus. Die Feststellung zur Gewalt ist richtig, die zu ihrem Subjekt auf dem Weg über einen Vorgang der Verfassung*gebung durch das Volk* ist es nicht. Darin liegt der Unterschied zwischen der „verfassunggebenden Gewalt" als *Ideologietext* (so die Bonner Urkunde und tendenziell das Bundesverfassungsgericht) und ihrer hier allein akzeptierten Version als *Rechtstext*.

33.

Noch einmal zu 1948/49: Ist das Grundgesetz ausreichend legitimiert – sei es in der Perspektive der verfassunggebenden Gewalt plebiszitärer *(Rousseau)* oder repräsentativer Entstehungsart *(Sieyès)*? Weder das eine noch das andere kann gesagt werden. Ein Mangel besteht ferner auch mit Blick auf das bundesstaatliche Zustandekommen des Grundgesetzes. Die Majorisierung nach Art. 144 I GG wird den föderativ(-demokratischen) Verfahren der Verfassungsschöpfung nicht gerecht. Rechnerische Umdeutungen der Prozedur scheitern hier schon an der Unklarheit darüber, wer das dem Grundgesetz zugrundeliegende Staatsvolk sein solle.

Findet die Berufung des Grundgesetzes auf die „verfassunggebende Gewalt des Volkes" als *auf das empirische Volk,* findet sein Anspruch, legitim zu sein, eine Entsprechung in der staatlich-gesellschaftlichen *Wirklichkeit?* Eine solche Entsprechung könnte – abstrakt – in folgendem liegen: (a) Die Realität würde dem Anspruch des Grundgesetzes unmittelbar genügen, es wäre wirklich vom Volk „gegeben" worden, und das Volk (und nicht Parteien und Verbände, zu schweigen von den Siegermächten) wäre tatsächlich die maßgebende politische Kraft gewesen. Oder (b): Die Entsprechung zu (a) liegt nicht vor; es gelingt dem Grundgesetz aber, mit den Mitteln einer bürgerlich-rechtsstaatlichen Verfassung, die Differenz zwischen „Verfassungsrecht" (hier: mit der Vertextung der verfassunggebenden Gewalt des Volkes) und „Verfassungswirklichkeit", die Kluft zwischen Legitimitätsanspruch und gesellschaftlicher Realität zu überbrücken. Das wäre möglich durch maßgebliches Beteiligen der Bevölkerung als der „Basis" innerhalb der Parteien, der Verbände; bzw. durch bestimmte Formen der Volks-Gesetzgebung, der Volks-Rechtssprechung, durch (partielle) Formen unmittelbarer Demokratie; auch über eine ausgeprägt demokratische Ausgestaltung von Widerstandsrecht und Notstandsrecht.

Der dem Normtext nach auf das *empirische* Volk gegründete Legitimitätsanspruch des Grundgesetzes wäre also mit der Feststellung einer Differenz noch nicht verneint (vgl. etwa Art. 8, 9, 21 GG); sondern erst dann, wenn sich herausstellte, daß eine kompensierende Vermittlung im Sinn von (b) durch diese Verfassung nicht oder zu wenig geleistet wird bzw. daß sie so gar nicht geleistet werden könne – das wäre dann die Frage nach den Grenzen der Leistungsfähigkeit einer Verfassung dieses Typs; oder auch: daß Legitimation hier nicht für das ganze, das empirische Volk vorliege, sondern nur institutionalisierte, ver"staat"lichte Interessenwahrnehmung für ein Teil-„Volk".

Damit ist zugleich das Problem des *„Schweigens der Verfassung"* angesprochen: (a) also entweder des Fehlens von Normierungen dort, wo sie nach der Leistungsfähigkeit dieses Typus von Konstitution durchaus möglich wären (zum Beispiel nähere Bestimmungen für die Interessenverbände im politischen

Bereich sowie nähere Vorschriften zur innerparteilichen Demokratie und zu Grenzen und Verfahren der Parteienfinanzierung); oder (b) des Fehlens von Normen dort, wo solche ohnehin wenig werden bewirken können, beispielsweise nähere Bestimmungen, Eingrenzungen für Unternehmerverbände im ökonomischen Bereich, Regeln über inner- und überbetriebliche Demokratisierung der Wirtschaft; (c) umgekehrt aber auch des Vorhandenseins von Rechtssätzen dort, wo diese nach der Leistungsfähigkeit des Verfassungstyps voraussichtlich unwirksam bleiben werden (wie *vielleicht* bei der Berufung auf die „verfassunggebende Gewalt des Volkes"). Hier „spricht" zwar die Verfassung demonstrativ, „schweigt" aber darüber, daß ihre Aussage (notwendig?) die Wirklichkeit nicht erreichen wird oder sie nicht erreichen kann.

Verfassunggebende Gewalt des Volkes: „Gewalt"

34.

Gewalt wird so vorgestellt, als habe sie ein Subjekt; ob ein Subjekt Gewalt „hat", zeigt sich daran, wie es sich äußert. An wem oder woran wird hier sichtbar, daß Gewalt ausgeübt wird? Eine andere allgemeine Frage ist, woher das Subjekt die Macht bezieht, ob es sie selbst „besitzt" oder ob es sie von einer anderen Instanz ableitet, sie von dorther verliehen bekommt. Ein weiteres generelles Problem liegt darin, ob man von Gewalt als einem Potential sprechen kann, das jederzeit oder unter bestimmten Umständen in manifeste Gewalt umschlagen kann. Welches sind die Zeichen, die ein Gewaltpotential anzeigen, welches die Vorzeichen, die ein Manifestwerden ankündigen, welches die Bedingungen des Umschlagens? Welche Auswirkungen hat das bloße Vorhandensein auf mögliche Adressaten?

Ist „Gewalt" nur eine Metapher, um den staatlichen Begründungs- und Legitimierungszusammenhang sprachlich zu bündeln, zu chiffrieren, dingfest zu machen? Wenn überhaupt von „Gewalt" zu sprechen ist, dann ist das „Geben" sicherlich *die* Äußerung der Staatsgewalt des Volkes. Aber welche Mindestanforderungen sind dann an diese Gewalt, die des Volkes sein soll, zu stellen, da sie par excellence „Staats"gewalt ist; welche Minimalforderungen an die Struktur des Repräsentationsvorgangs (da, wie oben notiert, „repräsentierende" Faktoren unvermeidlich scheinen)?

Warum sollte verfassunggebende Gewalt nicht „Staatsgewalt" (Art. 20 II GG) sein? Ist Staatsgewalt nur Gewalt *des* Staates, d.h.: die Gewalt, die sein Apparat ausübt; Staatsgewalt also im autoritären, im vordemokratisch traditionellen Sinn? Oder nicht auch die Gewalt, die den Staat, nämlich die Verfassung des Verfassungsstaats schafft, und die – in dessen alltäglichem Funktionieren – als inhaltlicher (Kern-)Maßstab seiner Gewaltausübung wirkt?

Ist die verfassunggebende Gewalt nun aber eine Staatsgewalt im Sinn von Art. 20 II GG, dann *muß* sie nach dieser Vorschrift „vom Volke ausgehen". Wenn nein, läge sie nach dem Kontext der Präambel sozusagen „beim Volk", was dann nur besagen könnte: sie wird als im Auftrag des Volkes und in realisierbarer Verantwortung vor dem Volk ausgeübt verstanden. Die verfassunggebende Gewalt ist jedenfalls eine *Rechts*gewalt und als solche begründet sie durch die Einrichtung einer Verfassung einen Staat samt seiner „Staatsgewalt".

Alle Staatsgewalt ist Rechtsgewalt. Der Staat ist, genau genommen, nicht ihr Subjekt, sondern ihr sachlicher Verantwortungs- und Zuordnungs*bereich*. Die Personalisierung des Staates als „Trägers" von Gewalten ist für eine entwickelte demokratische Verfassung nicht angemessen. Aber der Staat tritt als Institutionenkomplex sui generis auf. „Hat" er dann nicht die Staatsgewalten? Staatsgewalten sind solche Kompetenzen, Befugnisse und Aufgaben samt ihrer Aktualisierung, die von der Verfassung für diesen konkreten Staat eingerichtet, somit von Rechts wegen erzeugt, verteilt, koordiniert und mit Kontrollvorschriften und Einrichtungen ausgestaltet werden.

Die „Staat"lichkeit dieser Gewalten liegt *nicht* darin, daß der Staat als Gewaltsubjekt, als subjektives, personales, fiktives Willenswesen ihr Inhaber sei, ihr Träger, sozusagen ihr (wenn auch verantwortlicher) Eigentümer. Noch weniger ist er ihr Ursprung, ihre Quelle: als diese wird in Art. 20 II 1 „das Volk" normiert. Dies aber nicht im real-historischen Sinn einer einmalig punktuellen Prozedur des „Ausgehens"[7], sondern im rechtlichen einer bleibenden Instanz, dergegenüber sich Staatsgewalt verantwortlich zu wissen hat und vor der sie die Ausübung ihrer „Gewalt"-Tätigkeit tatsächlich vertreten muß: im Sinn des demokratischen Prinzips. So zeigt sich, daß auch Art. 20 II neben Art. 79 III zu den Positivierungen des Gedankens der verfassunggebenden Gewalt des Volkes gehört; Art. 20 II wird auch in diesem Kontext nicht zufällig von der materiellen Garantie des Art. 79 III umfaßt.

Das Verständnis des „Ausgehens" aller Staatsgewalt „vom Volke" ist, anders gesagt, weder punktuell-naturalistisch noch fingierend-metaphysisch, sondern normativ im Sinn des Festlegens einer andauernden Verantwortungs*instanz* für alle (aktualisierte oder nichtaktualisierte) „Staatsgewalt". Dieses Verständnis von Art. 20 II kann, da rechtlich, nicht fiktiv bleiben. Es muß angereichert, „naturalistisch" werden, real fühlbar, von Sanktionscharakter; es muß das demokratische Prinzip in einer seiner Spielarten verwirklichen.

Damit erscheint Art. 20 II 1 GG in dieser Funktion nicht erst durch ausdrückliche Rezeption in Art. 79 III, sondern bereits systematisch und dogmatisch als notwendiger Bestandteil von Art. 79 III. Anders gesagt: wenn wirklich, wie

---

[7] Hier setzte, in der Zeit der Republik von Weimar, *Kurt Tucholskys* Satire an.

III. Rechtsfrage: materielles Recht

Art. 20 II 1 normiert, alle Staatsgewalt „vom Volke ausgeht", dann muß es sich um die Gewalt in einem *demokratischen* Staat handeln. Als Quelle dieser Gewalt im einzig diskutablen Sinn, nämlich als Verantwortungsinstanz, scheidet der Staatsapparat aus.

Bliebe zur Erklärung der „Staats"gewalt noch die „Vertreter"-, „Verwalter"- theorie. Sie ist instrumental gesehen. Die Kernfrage: wem kommt Staatsgewalt zu? hat sich im Fortgang der Demokratie zu*un*gunsten des Staates entwickelt. Soll dann umgekehrt der Staat ihr Instrument sein?

Besser: Es geht um jenen verfassungsrechtlich konstituierten und geformten Komplex von Institutionen, Organen, Ämtern, Aufgaben, Kompetenzen, der „of the people, by the people, for the people" Situationen meistert, der die ihm von der Verfassung gestellten Aufgaben mit deren Mitteln auf der Grundlage und im Weg des Rechts erfüllt. Dieser Komplex wird „Staat" genannt. Seine Befugnisse und deren Aktualisierungen, da „Gewalten" genannt, mögen daher nach dem Zuordnungs- und Wirkbereich, zu dem sie gehören und dessen Funktionieren sie gewährleisten sollen, „Staats"gewalten heißen.

Der Staat ist, so gesehen, weder „Inhaber" noch „Träger" noch „Quelle" der Staatsgewalten. Deren Totalität, nämlich „alle Staatsgewalt", geht vom Volk aus. Der Staat ist ihre Realisierungsinstanz.

35.

Entsprechendes kann für die verfassunggebende Gewalt gelten. Warum sollte sie keine „Staats"gewalt sein; warum nicht die Befugnis betreffen, verantwortlich vor dem Volk die Bedingungen für das Bewältigen der Lagen, für die Erfüllung der Aufgaben durch den Komplex „Staat" zu schaffen, sie normativ zu begründen?

Das formalistische Argument, bei (sc. punktueller!) Ausübung der verfassunggebenden Gewalt gebe es den alten Staat nicht mehr (falls es ihn gab), den neuen noch nicht: also könne diese keine Staatsgewalt sein, vielmehr nur etwas Höheres, Ursprünglicheres, verfängt nicht. Denn der Staat ist eben nicht „Träger" im Sinn von *Subjekt* der Staatsgewalten, nur ihr Wirklichkeits-, Aufgaben-, Realisierungsfeld, ihr Zuordnungs- und Wirkungsbereich. Das gilt auch mit Blick auf die verfassunggebende Gewalt. Sie unterscheidet sich durch ihre größere Fundamentalität von den partiellen Staatsgewalten (in etwa analog zu: Verfassungskern – Gesamtverfassung; Legitimität – Legalität). Das rechtfertigt es aber nicht, sie qualitativ *neben, außer* „alle Staatsgewalt" zu setzen. Art. 20 II ist thematisch umfassender, terminologisch geräumiger. Unter den Staatsgewalten ist auch die fundamental begründende, die den *Kern* betreffende, das heißt verfassunggebende Gewalt. Sie verlangt zugleich, daß die partiellen

Staatsgewalten im Sinn des Kerns, in Übereinstimmung mit den materialen Grund- und Mindestvoraussetzungen eingerichtet und ausgeübt werden.

Die verfassunggebende Gewalt ist in diesem Konzept das Kernpostulat einer jeden Urkunde dieser Verfassungsfamilie, die sie als Normtext enthält. So ist es die systematisch erste Wirkung dieser Gewalt als *Rechts*gewalt, ihrerseits alle sonstige Staatsgewalt nur als *Rechts*gewalt und nicht anders legitim sein zu lassen, das heißt: als normativ *konstituierte* und *begrenzte*, als auf normierte Art *verantwortliche*, als normativ *kontrollierte*.

Weiter ist es eine Wirkung der verfassunggebenden Gewalt, die selber keine Blankovollmacht liefert, die übrigen Staatsgewalten nur insoweit zu rechtfertigen, als diese ihrerseits nicht Blankovollmachten sind; sie also, ebensowenig wie sie es selbst ist, nicht einfach Existenzmächte von dezistionistischer Sachleere sein zu lassen.

„Staatsgewalt" ist begrifflich weiter als „verfassunggebende Gewalt"; terminologisch ist die „verfassunggebende Gewalt" eine „Staatsgewalt". Beide haben das Volk zum Bezugspunkt; und das bedeutet, nimmt man sie als Normtexte: zur konkreten Verantwortungsinstanz. Menschliche Gruppen (auch in archaischer, anfänglicher Form: Clan, Sippe, Stamm) sind Formen einer Organisation von Gewalt über Personen, über Sachen. Die Beziehungen zu Sachen und Personen, die Menschen eingehen, können als Grade, Formen, Bedingungen von Verfügenkönnen über andere(s), können als Gewalt verstanden werden. Diese durchherrscht als aktuelle und zugleich als strukturelle (unter bestimmten Bedingungen aktualisierbare) alle menschlichen Verbände; in Staats- und Rechtsordnungen ist sie organisatorisch komplexer entwickelt. Auch der normativ verfaßte Staat gibt sich als Gewaltsystem zu erkennen. Der sich auf „das Volk" berufende Verfassungsstaat der Neuzeit kennzeichnet und unterscheidet sich dadurch von anderen Staatstypen, daß Gewalt in ihm auf die hier umschriebene Weise verfaßt ist.

36.

Ein Staat, auch der Verfassungsstaat, ist formale Organisation. Er ist nichts Unmittelbares; die Verfassung kann nicht naturalistisch beschreiben, rezipieren, repräsentieren. (Verfassungs-)Staat wie Verfassung sind Gebilde bzw. Texte der Vermittlung.

Es ist nicht erstaunlich, daß bei der „verfassunggebenden Gewalt des Volkes" nicht nur „Geben" und „Gewalt", sondern auch „Volk" je ein vermittelter (Rechts-)Begriff ist, selektiv, qualifiziert; und nicht deskriptiv unvermittelt im Sinn von „Bevölkerung"; so wenig wie „Geben" heißen konnte: (im *Rousseau*schen Stil) „sinnlich wahrnehmbar tun". Staatliche Gewalt ist durch die Verfassung und das ihr untergeordnete Recht vielfach vermittelt: Gewaltenteilung – Kompetenzen – Verfahren (Normerzeugung, -umsetzung, -kontrolle) bis hin zu Einsatzbefehl und Ausführung (aktuelle Gewalt).

Überhaupt ist die Verfassung – nach dem Ende vergleichbarer früherer Rollen von Religion und Kirche samt ihren Heiligen Texten – der zentrale vermittelnde Text in der politischen Gesellschaft: für Herrschaft und Sich-beherrschen-Lassen, Ausbeuten und Sich-ausbeuten-Lassen, für den Status quo und für Verfahren / Grenzen seiner („legitimen") Änderung; überhaupt für: Gewalt in allen Formen und Legitimität, für Gleichheit / Ungleichheit als Kontinuum in ihren sämtlichen Varianten.

Eine Unterscheidung wie „Verfassung – Verfassungskern" oder „verfassunggebende Gewalt – (sonstige) Staatsgewalten" läuft nicht parallel zu jener von „Verfassung" und „Verfassungsgesetz". Mit dem zweiten Begriff meint *Schmitt* die „bloß" positive Satzung, mit dem ersten einfach die „konkrete" Gewaltlage. Damit kann er die Verfassung zur „Dezision" entsachlichen und die positivierten Staatsgewalten dann freibeweglich in jeder Tyrannis wie in jedem angeblich unpolitischen Rechtsstaat schalten und walten lassen. Im hier vorgestellten Konzept sind dagegen „verfassunggebende" wie auch „Staats"gewalt, sind *beide* gleichermaßen normative Begriffe (weil Normtexte), haben also Sachgehalte (nicht nur Sachrelationen). Beide gehen *material* in dieselbe Richtung: weil die verfassunggebende Gewalt nicht nur einmalig agiert und dann erschöpft ist bis zur nächsten revolutionären „Dezision", die dann wieder legitim tabula rasa machen darf; sondern weil die verfassunggebende Gewalt neben ihrer Rolle für ein demokratisches Inkraftsetzen der Konstitution *vor allem* die in der Zeit wirkende Norm einer ständigen Verantwortungsinstanz „Volk" ist – anders gesagt, weil sich ihretwegen die Grundordnung auf Dauer im materialen Rahmen des demokratischen Verfassungskerns halten muß.

Verfassunggebende Gewalt verwirklicht sich „historisch" durch die Begründung von Staatsgewalten und dann „geschichtlich" in deren Aktualisierung. Solche „Staatsgewalten" beruhen material auf der Normativität der „verfassunggebenden Gewalt". Sie organisieren das Zusammenleben eines staatlichen Gemeinwesens, das in Richtung auf *weniger Demokratie* zu revolutionieren dann nicht mehr legitim (das nämlich dann nicht mehr eine Ausübung von „des Volkes" verfassunggebender Gewalt) sein kann.

Es ist gerechtfertigt, daß beide Gewalten das Volk anrufen in dem Sinn, gleichermaßen „*vom Volk*" zu kommen: nicht als falsche Mystik oder unverbindliche Metaphorik, sondern normativ, wenn auch mit verschiedenen Akzenten. Die *Konkretisierung* der Verantwortung vor dem Volk liegt bei der verfassunggebenden Gewalt im Festhalten an Institutionen und rechtlichen Grundfiguren, die für die Zeit nach der demokratischen Konstituierung auf Dauer verwirklicht werden. Die *Konkretisierung* derselben Verantwortung liegt bei den sonstigen Staatsgewalten darin, diesen Anforderungen der verfassunggebenden Gewalt tatsächlich nachzukommen. Für dezisionistische Begriffsspalterei bleibt kein Raum. Vielmehr bieten beide Formen von Rechtsgewalt zwei verschiedene Aspekte von *Legitimität* als eines geschichtlich zu erfüllenden Impulses des demokratischen Verfassungsstaats.

37.

In vorstaatlichen, in segmentären Gesellschaften findet sich bei einem Minimum an formaler Organisation ein Maximum an teils persönlicher, teils konsensueller Bestimmung sowie an Selbstregulierung von Konflikten durch die unmittelbar Betroffenen. In unseren formal maximal organisierten Staaten ist solche Selbstregulierung von Differenzen auf ein Mindestmaß sowie die persönliche Selbstbestimmung (dank der Grundrechtsgarantien immerhin *nur*) auf ein minderes Maß beschränkt. „Anarchie"nahe unstaatliche Regulationsformen auferlegen, soweit Formalisieren und Institutionalisieren sozialer Beziehungen Ursache von Entfremdung sind, ein Minimum an *Entfremdung;* Staaten als Großorganisationen bestehen dagegen in Gestalt ihrer systematisierten Normordnung geradezu aus dieser Entfremdungsform. Aufgrund der für staatliche Gesellschaften typischen oligarchischen Entwicklungen ist die Differenz von „Volk" und „Bevölkerung" hier grundlegend; in Gesellschaften ohne Staatsapparat tendiert sie, jedenfalls in einheitlichen Ethnien, gegen ein Mindestmaß. Hier – im Gegensatz zum Staatsverband – bewegt sich das „Geben" (im Sinn von Mitbewirken) der „Verfassung" (im weitesten Sinn der Regulation der Lebensformen der Gruppe) durch das betroffene „Volk" selbst auf hohem Niveau.

„Verfassunggebende Gewalt" liefert in dieser soeben genannten allgemeinsten Verständnisvariante eine Tautologie, da die Ordnung der Gewalt das Thema, der sachliche Kern aller Verfassung menschlicher Gruppen ist.

Etwas inhaltlich Neues sagt erst der Genitiv, nämlich: die durch eine Verfassungsordnung „gegebene", also organisierte Gewalt solle die „des Volkes" sein. Was war *faktisch* an Neuem gekommen, für das diese *neue* Legitimation offenbar gebraucht wurde? Mögliche Antwort: der moderne Kapitalismus. Hypothese: Die entfeudalisierten, tendenziell isolierten, *nach*mittelalterlichen „Einzelnen" bilden als Bevölkerung die abstrakte Summe, sobald Entfeudalisierung und Freisetzung (mit starken zeitlichen Unterschieden) auch faktisch vollzogen waren. Das qualifizierte „Volk" ist dagegen die ab jetzt dominierende Schicht, das neue Wirtschaftsbürgertum, durch seinen zentral gestrafften und neuerdings „souveränen" kontinentalen Anstaltsstaat abgesichert.

Marx gehört in diese Thematik. Es geht ihm – umformuliert – darum, daß das (ganze, sozial homogene, sich allseits selbst verwirklichende) Volk sich seine Verfassung (im weiten Sinn) konkret gibt, das heißt die klassenlose Gesellschaft konstituiert und sie in der Zeit fortlaufend erhält. Vorläufer dieser Radikalität ist *Rousseau:* das homogene, von Entfremdung durch politische Tat zu befreiende Volk gibt sich in bewußtem Akt die Verfassung des „Contrat Social" und erhält sie durch bewußte geschichtliche Anstrengung (mœurs, éducation, vertu); und dies nicht irgendwo, sondern in einem Gemeinwesen mit ganz bestimmten sozialen, ökonomischen, politischen Bedingungen.

Rousseau äußert sich radikalisierend zu:

- Verfassung: nicht zum Text auf dem Urkundenpapier, wie im liberalen Verfassungsstaat, sondern zur wirksamen Strukturierung künftiger gesellschaftlicher Zustände; auch hier als *der* Liberalismuskritiker. – Ferner zu:
- „gebende Gewalt": konkret auszuführender Plan, der das Ancien Régime nach der privaten Meinung des Autors allerdings nicht gewaltsam beseitigen sollte (so wenig dieser gewaltsame Enteignungen plante). *Rousseau* lieferte eine revolutionäre Theorie, aber keine zusätzliche Revolutionstheorie. Stattdessen wich er auf ein Terrain aus, auf dem seine Theorie ohne Revolution durchsetzbar sein sollte (kapitalistisch unentwickelte Randstaaten). „Verfassunggebende Gewalt" heißt im Liberalismus *nur:* legitimierende Zurechenbarkeit, Befugnis. Die Frage *Rousseaus* nach der Legitimation am Anfang von „Du Contrat Social" lautet aber nicht: welche Legitimationstheorie kann ich nachschieben, während ich die Verhältnisse belasse? – so machte es, durch Ausklammern der Sozialökonomie aus der Verfassung, der Liberalismus seit *Locke* –; sondern: wie kann ich die Verhältnisse aktiv so (um)gestalten, so in Verfassung bringen (was sie laut *Rousseau* in der Moderne bisher nie waren und nirgends sind), daß sie als legitim bestehen können? Seine Antwort: durch unmittelbare Selbstbestimmung. – Schließlich zu:
- „des Volkes": erstmals hier als des *ganzen* Volkes, als der intern nicht zu diskriminierenden Bevölkerung, mit Ausnahme allerdings der unbelehrbaren Dissidenten.[8]

38.

Bodin hatte den Begriff der staatlichen Souveränität eingeführt und ihn an eine durch Naturrecht leicht abgebremste absolutistische Monarchie geknüpft. Bei *Hobbes* ist diese *Fürstensouveränität* dann zu Ende entwickelt; *Rousseau* hat ihr, wieder knapp ein Jahrhundert danach, die radikaldemokratische *Volkssouveränität* entgegengesetzt. Historisch wie systematisch dazwischen liegt das liberale Modell aus dem Hause *Locke:* die Verfassung als höchste Rechtsquelle

---

[8] Vgl. DCS IV 8.

des Staatswesens, die verfassunggebende Gewalt *(constituant power)* als eigentliche Legitimationsinstanz; als ihre Quelle gibt er den Willen des Volkes an. Diese konstitutionell-bürgerliche Zwischenform heiße hier vorläufig *Verfassungssouveränität*.

Sie bildet eine Zwischenform, da indirekte Demokratie und konstitutionelle Monarchie ungleich „Volkssouveränität" sind; insoweit ist „Volkssouveränität" auch ungleich zu *Lockes* Begriff „verfassunggebende Gewalt" angesetzt. Der Term „Volkssouveränität" kommt im Bonner Grundgesetz übrigens nicht vor. Das Grundgesetz faßt diesen Komplex (Präambel, Art. 20 II 1, 2) im Sinn von „verfassunggebender Gewalt" (vermittelte Entscheidung des Volks): nicht im Sinn von *Rousseau*, sondern von *Locke*.

Locke hatte sich den (bis 1688) zeitgenössischen Staat hinweg gedacht und fand so die damals jedenfalls schon in England entwickelte bürgerliche Wirtschafts- und Verkehrsgesellschaft vor. Er verlängerte sie zielsicher in den Staatszustand hinein, der als *Verfassungsstaat* nun die Funktion erhielt, die *Errungenschaften des Besitz- und Wirtschaftsbürgertums* in *Rechtsform* zu fassen und normativ zu stabilisieren, sie auf Dauer zu sichern. Nach *Locke* ist die menschliche Natur *nicht* destruktiv. Das einzige, was die Menschen überhaupt in den Verfassungszustand hinüberlocken könne, sei das *Eigentum*. Dies gebe es zwar auch schon im Naturzustand (in dessen „erstem Teil": *selbst* erzeugt, im „zweiten Teil": durch *Ausbeutung* erzeugt); aber im Verfassungszustand wird das Eigentum durch Grundrecht gesichert und kraft materiellen und prozessualen Gesetzesrechts individualisiert und ausgebaut.

Lockes „verfassunggebende Gewalt" ist ein Schritt weg von der absolutistischen Fürstensouveränität und (nur) ein Schritt hin zur Volkssouveränität (und das nur für die Verfassunggebung), also eine Kompromißbildung wie die konstitutionelle Monarchie: getreu *Lockes* tagespolitischem Nahziel, den durch die Glorreiche Revolution von 1688 erreichten status quo zu festigen.

Die „verfassunggebende Gewalt des Volkes" zeigt auf der Ebene der Theorie denselben historischen Kompromiß an, den die konstitutionelle Monarchie für die praktische Organisation der Regierungsgewalt bedeutete – hinter direkt demokratischer Verfassungstheorie und -praxis systematisch zurückbleibend.

Kapitalismus und *Locke*: Die Hauptthemen sind bei ihm erfaßt: Die ursprüngliche Appropriation. Die Marktfreiheit. Die rationale Organisation von Produktion und Verkehr, von Recht und Staat (Rechtsstaat), von Wissenschaft und Technik (Cartesianismus). Es ist versammelt, was das Bürgertum benötigt: Subjektivismus; rationaler Konstruktivismus; Ablösung von der antiken wie von der christlichen Tradition – hierzu *Lockes* Lehre, die Seele sei zunächst eine tabula rasa (seine „white paper"-These), sie werde erst durch Erfahrung geprägt, wobei die prägenden „Ideen" jetzt mit jedem vorkommenden Bewußtseinsinhalt gleichgesetzt werden. *Locke* ist ein Systematiker des Empirismus, ein Umsetzer von Descartes auf Gesellschaft und Staat. Er predigt die „Freiheit" der zur Verfügung stehenden Arbeitskräfte: formell frei, materiell absolut abhängig. Der noch ganz junge Kapitalismus wird schon mit politischer Stoßrichtung verkündet: gegen den absolutistischen Territorialstaat mit seinem Merkantilismus, seiner bürokratischen Steuerung der Wirtschaft durch die Zentralgewalt. *Hobbes* stand gegen, *Locke* steht für die Bedürfnisse der neuen Gesellschaftsform, die *Max Weber* den *modern-europäischen* Kapitalismus nennt.

Die verfassunggebende Gewalt des Volkes erscheint bei *Locke* als die unschädliche, weil minimisierte Verankerung all dieser Vorgänge bei einer unverdächtigen und zum Glück immer getreulich vorhandenen Autorität: „dem" Volk, real: der wirtschaftenden Bourgeoisie. Ganz anders als vordem bei *Hobbes*, ganz anders als danach bei *Rousseau* trägt der „Naturzustand" bei *Locke* schon wesentliche Zeichen der bürgerlichen Gesellschaft; will sagen, der Staat hat bei ihm in bezug auf die bürgerliche Ökonomie eine andere Funktion als bei *Hobbes* und bei *Rousseau*.

39.

Was waren später, wieder hundert Jahre danach, die tragenden Verfassungsprinzipien der USA-Sezession, was die Rolle des Volkes und der „verfassunggebenden Gewalt des Volkes"?

Mit den USA setzte sich eine bürgerliche Marktgesellschaft aus wirtschaftspolitischen Gründen und unter Berufung auf „wirtschaftliche Freiheit" vom Merkantilismus ab. In der Folge wurde die mögliche Rolle des Volkes im politischen Prozeß durch zahlreiche Vorkehrungen verfassungsrechtlicher Art abgeschwächt.

Zum Teil abhängig von der gesellschaftsvertraglichen Naturrechtslehre hatte die Vorstellung eines ungeschriebenen Fundamentalgesetzes in den amerikanischen Kolonien Englands schon durch Freiheitsbriefe, Privilegien, Charten und Ansiedlerverträge praktische Bedeutung erlangt. Wirtschaftliche Handelsprivilegien erhielten mit der Ausdehnung der Siedlungsverbände immer mehr auch politische Regelungsfunktionen.[9] So hatte *Locke* behauptet, in den nordamerikanischen Kolonien lebten die Siedler noch im Naturzustand; ihr Zusammentreten zu den aus der englischen Selbstverwaltung übernommenen town-meetings konnte dann leichthin als jeweiliger „Eintritt" in den Gesellschaftszustand ge-

---

[9] Vgl. zur Prähistorie der USA die in *F. Müller*, Korporation und Assoziation, 1965, S. 24 ff. angegebene Literatur; ferner zum Folgenden: *Welzel*, Naturrecht und materiale Gerechtigkeit, 1962; *Leo Strauss*, Naturrecht und Geschichte, 1956.

deutet werden. Als weiteres Element kamen covenant-Theologie und Calvinismus mit der Lehre der Einheit von politischer und kirchlicher Gemeinde auf demselben Terrain hinzu. Die Rezeption der *Montesquieu*schen Gewaltenteilung schließlich war vorbereitet durch die kolonialen Organisationsmuster mit ihrer Trennung von Legislative und Exekutive nach demselben englischem Vorbild, von dem seinerseits *Montesquieu* ausgegangen war. Auf der Seite der Grundrechte war die Prüfung der Gesetze auf ihre inhaltliche Verfassungsmäßigkeit durch alte common-law-Prinzipien und durch die geläufige Kontrolle der Kolonialgesetze auf ihre Übereinstimmung mit dem englischen Recht als der höheren Norm (auch an der Charta, die von der Krone gegeben und sanktioniert war) vorbereitet. Dazu kam in der Folge die Idee gerichtlicher Kontrolle zur *Zurückdrängung des Parlaments* wegen der um die Zeit der amerikanischen Unabhängigkeitserklärung und Verfassunggebung in den maßgebenden Kreisen herrschenden Furcht vor der sogenannten Pöbelherrschaft, also vor möglichen Spielarten direkter Demokratie. Diese Furcht herrschte vor allem auf der Seite der „Föderalisten", der Befürworter einer Bundesverfassung mit starker Zentralgewalt. Die Federalists (heute die Republikaner) wollten die mit dem Unabhängigkeitskrieg entstandene Wirtschafts- und Legitimitätskrise zugunsten der urbanen Produzenten und Handelsleute, der Reeder und der Anwaltschaft der Nordstaaten lösen, indem sie deren ökonomische Führungsstellung durch das Schaffen einer Bundesverfassung mit starker Regierung stabilisierten; einer Verfassung, die eine sogenannte Volkssouveränität anerkannte und gleichzeitig jede praktisch wirksame Volksherrschaft verhinderte. Die „Antiföderalisten", mit denen besonders der Rousseauist *Jefferson* in Verbindung gebracht werden kann, rekrutierten sich vor allem aus Farmern, Pächtern, aus Teilen der städtischen Handwerkerschaft, zum Teil auch aus gehobenen Landfamilien, insgesamt aus den an verschärft kapitalistischem Handel und Verkehr weniger interessierten, vorwiegend lokalen und regionalen Produzenten (in den Counties wie Montgomery und Albany). Der auf ernst gemeinter Volkssouveränität und auf den Grundrechten basierende Ideenstrom prägte die von *Jefferson* verfaßte Unabhängigkeitserklärung; das sich auf eine starke Zentralgewalt und eine vielfach mediatisierte, abgeschwächte Volks-Repräsentation mit strikter Gewaltenteilung (system of checks and balances) stützende „föderalistische" Konzept prägte die Bundesverfassung von 1787; ein Grundrechtsteil wurde ihr wenige Jahre später in Form der ersten Amendments noch angefügt.

Die Position der *Federalists* kann vereinfachend als Kombination von *Locke* und *Montesquieu* bezeichnet werden; dem Volk kommt hier allerdings noch weniger an Initiativen zu als bei *Locke*. Es soll zur Kontrolle der Legislative ungeeignet sein; sein Revolutionsrecht wird durch die „auf das Volk" zurückgeführte Verfassung aufgefangen, wird kanalisiert durch die Institution von Verfassungsänderungen (amendments) und durch die Kontrollfunktion der Richter,

58   III. Rechtsfrage: materielles Recht

die als „Sprachrohr des Volkes" fingiert werden. Aufgabe des Staates ist es wie bei *Locke*, die Individualrechte „life, liberty, property, pursuit of happiness" und darüberhinaus „justice" zu garantieren. Das ganze gründet sich auf eine pessimistischere Einschätzung „der" menschlichen Natur als bei *Locke*: im Sinn der Lehre des amour-propre bei *Rousseau*, ohne daß das kritische Reflexionsniveau *Rousseaus* gehalten würde.

Dagegen nimmt *Jefferson* die Volkssouveränität wesentlich ernster als die Federalists, wenn auch nicht im radikalen Sinn *Rousseaus:* Dem Volk gebührt gegenüber der Regierung eine Kontrollfunktion; damit diese wirksam sein kann, muß die Regierung im Weg der Selbstverwaltung dezentralisiert werden, somit schwach sein. Es bedarf ferner einer umfassenden Volksbildung im Sinn bewußter Hinführung zu politischer Mündigkeit, vergleichbar der Konzeption der „mœurs" und der politischen Erziehung bei *Rousseau*. Das Recht des Volkes in jeder seiner Generationen soll mittels periodischer Überprüfung der Verfassung, die alle 19 Jahre automatisch außer Kraft tritt, ins Werk gesetzt werden. Unter dem Einfluß seiner Begegnung mit französischen Revolutionären – *Jefferson* war ab 1784 Gesandter in Paris –, vor allem mit *Condorcet* und dessen Lehre vom „pouvoir constituant", kam *Jefferson* zu einem revolutionären Freiheitsgedanken, der durch die amerikanische Unabhängigkeitserklärung und die amendments nur begrenzt zum Zug kam, gar nicht dagegen für Verfassungskonstruktion und Regierungssystem der USA.

40.

In Frankreich[10] erhob die Nationalversammlung zwar den Anspruch, *Rousseaus* Ideen zu verwirklichen; aber schon ihr Zusammentritt als „Repräsentation" des Volkes, von *Sieyès* theoretisch formuliert, brach mit Rousseaus Konzeption. Wie *Sieyès* trennte die Nationalversammlung zwischen pouvoir constituant, als dessen Ergebnis die Verfassung von 1791 fingiert wurde, und pouvoir constitué. Als solche Widersprüche vorgeblich auflösendes Zurechnungsgebilde wurde „die Nation" ins Spiel gebracht.

Dagegen war der nachfolgende Konvent aus allgemeinen Wahlen gebildet, hatte vom Volk ein Mandat zur Verfassunggebung. Die Verfassung, vom Volk in einer Abstimmung genehmigt, konkretisierte im Ansatz für das Verfahren ernsthaft die Idee der verfassunggebenden Volksgewalt. Auch hatte das Volk[11] in der Verfassung von 1793 die Initiative zur Verfassungsänderung. Die Souve-

---

10 Vgl. die zuletzt angegebene Literatur und zusätzlich zu Darstellung und Einschätzung: *Steiner,* Verfassunggebung und verfassunggebende Gewalt des Volkes, 1966.

11 Allerdings nur die Männer, denen die Rechte aktiver Staatsbürger in Art. 4 vorbehalten waren; unter bestimmten Voraussetzungen – vgl. ebd. – auch Ausländer.

ränität lag bei ihm, nicht bei der „Nation". In der – verglichen hiermit pointiert bourgeoisen – Verfassung von 1795 wurde diese Entwicklung wieder zurückgedreht: die Initiative für Verfassungsänderungen entfiel, es gab kein Widerstandsrecht. Die Abgeordneten wurden jetzt durch den Grundsatz des freien Mandats von ihren Wählern abgekoppelt; durch indirekte Wahl mit Zensuswahlrecht wurde die Möglichkeit der Einwirkung auf das Staatsgeschehen ein Privileg des Besitzbürgertums.

Ist die Linie *Sieyès*', der verfassunggebende Akt solle nicht durch Plebiszit, sondern in einem repräsentativen Verfahren erfolgen (Einberufung der Generalstände durch den König, anschließende Konstituierung des Dritten Standes als Verfassunggebende Nationalversammlung) nur eine pragmatische Anpassung der *Rousseau*schen Theorie an das politisch Erreichbare; *oder* ist sie auch Ausdruck eines inneren Widerspruchs in *Rousseaus* Position?

Rousseau setzt der Fürstensouveränität die Volkssouveränität entgegen. Die anzustrebende Einheitlichkeit dieser entspricht der traditionellen Einheitlichkeit jener, gegen die sie sich polemisch wendet. Das Volk muß als homogene, politisch handlungsfähige Gewalt verstanden werden. Die Voraussetzungen dafür (überschaubarer, sozial und ökonomisch homogener, durch Selbstverwaltung zu bewältigender Kleinstaat) sind nach *Rousseau* zum Beispiel in Schweizer Kantonen oder in Korsika gegeben.

Sieyès hatte erkannt, daß die Prämisse *Rousseaus* vom homogenen, einigen und politisch handlungsfähigen Volk auf einen Flächenstaat wie Frankreich mit seinem sozial und ökonomisch ungleichen Staatsvolk, mit Klassenunterschieden und Interessengegensätzen nicht paßte. Er nahm damit übrigens nur *Rousseaus* ausdrückliche Einschränkung ernst. Mit einem repräsentativen Verfahren der Verfassungssetzung sollte wohl die Fiktion vom einigen und politisch handlungsfähigen Volk aufgegeben, sollte der sozialen und politischen Strukturiertheit „des" Volkes Rechnung getragen werden. Immerhin hätte all das einem anschließenden Plebiszit über den Text der Urkunde nicht im Weg stehen müssen.

„Verfassunggebende Gewalt des Volkes" war ein Kampfbegriff des Tiers État gegen den Absolutismus des Ancien Régime. Verfassunggebende Gewalt, und zwar eben in *Sieyès*' Unterscheidung von verfaßter und verfassender, erlaubte es, den Monarchen und die Monarchie als bereits konstituiert, als bloß Vorhandenes zu immobilisieren; zugleich aber das Volk als konstituierend in die verändernde, in die revolutionäre Rolle zu schieben. Diese in der Stoßrichtung *Rousseau*sche Wendung, dem Volk die Gestaltungsmacht, die oberste Legitimität zuzuschreiben, und dies auch für den geschichtlichen Fortgang, das heißt ohne an die bestehenden Machtverhältnisse und Legitimationen, ohne an das Ancien Régime gebunden zu sein, brachte die *Legitimations*frage und gleichzeitig die *Verfahrens*frage („darf" im Rahmen des Ancien Régimes überhaupt die Verfassungsrevolution durchgeführt werden?) auf dieselbe Linie. – *Wer* dabei „das" Volk sei, wird aber auch hier im Rahmen des Kampfbegriffs selektiv beantwortet: der Dritte Stand, das neue Besitzbürgertum; also weder die geistliche und weltliche Aristokratie noch das *Babeuf*sche Lumpenproletariat.

41.

„Vom Volke", „des Volkes" ist nicht metaphysisch zu verstehen, nicht fiktiv, nicht zynisch und auch nur zum Teil (wegen der Demokratiekomponente) naturalistisch; bei Faktoren wie Gewaltenteilung und allgemeiner Rechtsstaatlichkeit ist der Bezug zum Volk bereits geringer als bei dem Postulat der Demokratie.

„Vom Volke", „des Volkes" ist bei entsprechendem Normtext als *normativ*, damit auch als sachgebunden, als inhaltlich zu behandeln. Es kann – wie Legitimität, Revolution, Widerstandsrecht, wie verfassunggebende Gewalt überhaupt – aus der geschichtlich als verpflichtend durchgehaltenen, jedenfalls als Maßstab bisher nicht obsolet gewordenen *Tradition* dieser Verfassungsfamilie zum Teil vergleichend abgeleitet werden (Sachbereich; daneben insoweit auch historische, genetische, theoretische Auslegungsaspekte rechtsvergleichender Herkunft).

Staatsgewalt, die „vom Volke" ausgehen soll, und verfassunggebende Gewalt, die „des Volkes" sein soll, betreffen den *normativen* Kernbestand der Verfassungsfamilie, der historisch bei der Realisierung des Gedankens eines im spezifisch neuzeitlichen Sinn „dem Volke" zustehenden, „vom Volke" her kommenden, dem Volk verantwortlichen, um „des Volkes" willen wirkenden Staatswesens entwickelt worden ist. Nur ist dieser Kernbestand wegen der Beschränktheit der Verfassungen auf ihr jeweiliges Hoheitsgebiet – Verfassungsstaat in der Gestalt des Nationalstaats – nicht grenzüberschreitend normativ „anwendbar".

Herrschaft im Staat ist Gruppenherrschaft, ist nie real Herrschaft aller, also des Volkes, also der Bevölkerung „über sich selbst". Im demokratischen Verfassungsstaat ist Herrschaft der Behauptung nach zwar Herrschaft aller (Volksherrschaft), aber „Volk" ist nicht „Bevölkerung". Der Begriff „Volk" ist in hohem Grad selektiv.

Der Ausdruck „verfassunggebende Gewalt" hat eine ideologiekritisch zu sezierende soziale Funktion nur dann, wenn er überhaupt eine praktische „Funktion" hat. Das muß immanent untersucht werden und das will sagen: positivrechtlich und in der Verfassungspraxis, als ein Normtext und seine (etwaigen) Folgen.

Die allgemeine Hypothese, mit der urkundlichen Rede von verfassunggebender Gewalt wolle „das Bürgertum" dies und jenes zementieren und so weiter, wird erst dann inhaltlich, wenn nachgewiesen wird, auf welche Weise dieses Zementieren angesetzt ist und funktioniert, wie also die Rechtslage nach positivem Recht war / ist und welche normative Wirkung sie entfaltet hat. Das erfordert noch detaillierte Studien zur Rechts- und Verfassungsgeschichte mit exakter Tatbestandsaufnahme; ebenso, und leichter zugänglich, Untersuchungen zum heute geltenden Recht.

Wenn das positive Recht in der Sicht von Ideologiekritikern schon deshalb irrelevant sein soll, weil im Konfliktfall nicht nach ihm gefragt werde, so fragt sich weiter, wie wichtig im Konfliktfall die Leute sein werden, die ideologiekritisch über Verfassung philosophieren. Eine allgemein bleibende „geistesgeschichtliche" Frage nach „der" sozialen Funktion („cui bono?") taugt methodisch soviel wie das Räsonnement der Moralisten des 17. und 18. Jahrhunderts. Wieviel es literarisch taugt, spielt in diesem Zusammenhang keine Rolle; was zählen muß, ist eine vertretbare, kontrollierbare Methodik. Für die Verfassungstheorie kann eine solche dort ansetzen, wo die verfassunggebende Volksgewalt *als* (Rechts-, und nicht als Ideologie-)*Text* vorausgesetzt wird.

Warum soll zum Beispiel „das Bürgertum" Artikel 79 III des Grundgesetzes so wenig bestimmt in *seinem* Sinn gefaßt haben? Warum so offen für einen Konfliktfall, in dem „es" möglicherweise in seiner privilegierten Position gefährdet wäre?

Auskünfte von der Art, die „soziale Funktion" sei nur objektiv zu erfassen oder „das" Bürgertum habe „kein Klassenbewußtsein", leuchten nicht ein. In Philosophiegeschichte, Kirchengeschichte, in der Verfassungsgeschichte gerade auch der bürgerlichen Neuzeit sind grundlegende theoretische Kämpfe oft mit voller Reflexion ihrer praktischen Folgen, ihrer sozialen und politischen Bedeutung geführt worden: so bei *Rousseau* mit seinem ausgeprägten Bewußtsein von der eingeschränkten Praktikabilität seines Modells; so bei *Sieyès* mit wünschenswerter Klarheit über die pragmatische Natur seiner Rousseau-Änderungen; oder etwa bei *v. Gerber* mit seinem deutlichen Bewußtsein von der politischen Stoßrichtung, der „sozialen Funktion" des neuen staatsrechtlichen *Positivismus* als einer Methode und Rechts(Verfassungs-)theorie.

Außer bei allseitiger Lobotomie oder durchgehender Steuerung durch Psychodrogen – Möglichkeiten, die in einer Studie über die *Legitimität von Staatlichkeit aufgrund der verfassunggebenden Gewalt des Volkes* hoffentlich auf immer ausgeschlossen bleiben dürfen – wird es in einer Bevölkerung zu dieser Thematik immer verschiedenen Meinungen geben. Hieraus und *zugleich* aus dem formulierten Anspruch „verfassunggebende Gewalt des Volkes" ergeben sich folgende Varianten der Verfälschung:

- selektive Definition „des" Volkes (nicht: Bevölkerung)
- selektive Erfassung der Streitpunkte
- selektives Bewerten der Zustimmung.

Zur Selektivität der Streitpunkte:

Falls je das Volk, also die tatsächlich vorhandene Bevölkerung, diesen legitimierenden Grundlagen praktisch einhellig zustimmen würde, könnte von *aktueller* verfassunggebender Gewalt des Volkes gesprochen werden. Eine Selektionierung „des" Volkes gegenüber der tatsächlichen Bevölkerung wäre dann für das Grundsätzliche nicht mehr nötig; die „Akzidentien" (politische Einzeldifferenzen) würden, wie stets, mehrheitlich entschieden.

Wenn dagegen, wie in der Regel, nicht nur die Akzidentien mehrheitlich durchgesetzt werden müssen, sondern auch die fundamentalen Streitpunkte, dann entstehen bei Mangel an Homogenität der Bevölkerung und bei gleichzeitiger Homogenität der abweichenden Gruppen Minderheitenfragen im bekannten Sinn (mit der demokratischen Forderung nach rechtlichem Minderheitenschutz); im anderen Fall (Homogenität nirgends) oder zwar im ersten Fall, aber ohne Mehrheit / Minderheit-Struktur, entsteht objektiv die Bürgerkriegslage; oder es versuchen sich bei hinreichend stabiler Herrschaftsmacht und demokratischen Defiziten in bezug auf Rechtsschutz der Minderheiten die herrschenden Akteure an der bewährten Selektivität des Begriffs „Volk". „Das" Volk (das Proletariat, die Mitglieder der [Staats-]Einheitspartei, „die politisch bewußten Teile der Arbeiterschaft", „die Bewegung", „die guten Deutschen", und so fort) wird qualitativ nach seiner Loyalitätsbereitschaft selektiert und anschließend mit mehr oder weniger Heuchelei in die staatstragenden Rechtfertigungstexte eingeführt. Die Herrschenden sagen sich (falls sie „sich etwas sagen") in etwa folgendes: Warum soll ein Staat (das heißt: eine herrschende Gruppe, constituent group) denn *den Konsens des Volkes* (und damit im Sinn der Formel von dessen verfassunggebender Gewalt: „das" Volk) nur empirisch vorfinden und anschließend bloß noch abzählen? Warum nicht „das Volk erschaffen" (das heißt seinen in Wahrheit nur partiellen Konsens und durch diesen: „das Volk" als Legitimierungsinstanz mit Hilfe der „verfassunggebende Gewalt"-Formel)? Hier liegt eine Gemeinsamkeit der großräumigen Staats-(Volks-)Erziehungskonzepte (*Platon – Rousseau – Fichte – Mao;* auch in der DDR und in anderen sich auf den Sozialismus berufenden Staaten). In weniger auffallender Form tut das jede Herrschaft, auch die bürgerlich-liberale Demokratie tut es (Schulbücher, „Politische Bildung", Politikinhalte, unterschwellige Lenkung durch die Massenmedien, euphemistisch umbenannte Propagandaministerien, systematische Immunisierungs-, Tabuierungs-, Ausschlußpraktiken, usw.).

42.

Erziehungsdiktaturen jeder Richtung haben ein gutes Argument, zusätzlich zu ihrer jeweiligen *guten Sache,* auf das sie notfalls verweisen können: „Das Volk" mag ja vor Patriotismus zittern und vor Interesse an seiner Verfassung beben – die Bevölkerung pflegt anderweitig beschäftigt zu sein[12]. Anders ist es nur bei Individuen mit übersteigertem Über-Ich (Religionsstifter, megalomane Denker, „geborene" Herrscher, zwanghafte Agitatoren, Terroristen und sonstige *Führernaturen)* oder mit anderweit desequilibrierter Psyche. „Die Leute" sind jedenfalls verfassungspolitisch träge; sind nur wenig darin geübt, ihre Möglichkeiten der (politischen) Selbstbestimmung wahrzunehmen; vor allem und zunächst einmal sind sie „mit wichtigeren Dingen" befaßt (mit solchen, die näher bei ihnen liegen).

Bürgerliche Rechtsstaatlichkeit gibt übrigens Garantien der Inertie (vgl. *Montesquieu, Kant:* die Garantie gesetzlicher Freiheit umfaßt auch Untätigkeit). Es genügt in der Regel (außer: Steuern, Militär, allgemeinen Hilfspflichten, Notstand, also außer den extremen bzw. den Grundbedürfnissen des Staates), nicht gegen die Gesetze zu verstoßen. Folgerichtig gilt das Gegenteil für *Rousseaus* Konzept radikaler Demokratie: durchgehende Politisierung der Gesellschaft, des Souveräns (eben: des Volkes) ist recht anstrengend.

Warum sind wir Menschen, als einzelne wie als Kollektive, in aller Regel eher träge; genauer gesagt: nicht durchgehend träge, aber in unserer Motivierbarkeit, Agitierbarkeit, Ansprechbarkeit praktisch deutlich gedämpft (von der Referendumsmüdigkeit in der Schweiz bis zum Mangel einer Erhebung „des" Volkes im Sinn von Marx und Engels)? Hier häufen sich die banalen Wahrheiten: Kraft und Zeit sind begrenzt. Die meisten Menschen müssen sich vor allem für ihr materielles (Über-)Leben anstrengen (wenn auch, je nach Lage und sozialen Standards, auf sehr verschiedenem Niveau der Bedürfnisbefriedigung). Diese andauernde Anstrengung steht „unter dem kalten Stern der Knappheit" *(Keynes).* Eine erträgliche oder als erträglich geltende materielle Lage kostet schon genug Mühe, bindet schon genug an Kraft, Aufmerksamkeit, Kontrolle, an Lebenszeit. Über diese Quantitäten hinauszugehen, erfordert in jedem Fall eine zusätzliche, inhaltlich besondere Motivation.

Menschliche Gruppen sind bisher offenbar nicht harmonisch zu machen, sondern bleiben konflikträchtig. Gerade soweit die Gruppen materiellen Bedürfnissen dienen, fordern sie ihren Mitgliedern Opfer ab: Ungleichheit, strukturell wie individuell begründete Konflikte, Herrschaftsstrukturen (Eltern / Kinder, Ausbilder / Schüler jeder Art, Vorgesetzte / Lohnabhängige). Der ständige

---

[12] In Bayern heißt das, zu einem gebührend verallgemeinerten Thema: „Der Mensch ist gut, aber die Leut san a Gsindl."

Konfliktcharakter züchtet in aller Regel entsprechende Belastbarkeit, Frustrations- und Konflikttoleranz, was die genannten Faktoren der Trägheit verfestigt.

Im sogenannten Geistigen: Wir sind an Fremdbestimmung und Hierarchie gewöhnt worden: neben der soeben notierten Belastbarkeit aufgrund materieller Not vor allem ideologisch und normativ durch Religion und deren Ersatzgebilde sowie durch alle sozialen Gruppennormen, dazu noch eingeschüchtert durch staatliche Rechtsnormen. Wir sind in aller Regel nicht *Anarchisten* (im ursprünglichen Sinn), sondern empfinden Fremdbestimmtheit als grundsätzlich erträglich, ja als richtig, als von Angst und Verantwortung entlastend. Auch das stabilisiert die genannten Gründe für politische Trägheit.

Nur wenige – und das ist konstatierend gesagt – entwickeln und erhalten ein dauernd agitiertes und / oder agitierbares und / oder agitierendes Über-Ich, so etwa: durch individuelle Delegation; durch auch transpersonale Delegation (Religionsstifter, anspruchsvolle Herrscher, geistige „Führer"); insgesamt durch (unbewußte) Missionsgewißheit sowie durch die jeweilige Bildung eines entsprechenden Ich-Ideals.

Weder gegenüber jenen „Meisten" noch angesichts dieser „Wenigen" ist es am Platz, zu moralisieren. Die Probleme liegen – auch – für die Meisten anderswo. Deren politische Apathie und gesellschaftliche Inertie erklären sich, abgesehen von den uns regelmäßig zugefügten und unzweideutig zu bekämpfenden autoritären Deformationen, jedenfalls auch aus der *Materialität* der unabweisbaren menschlichen Grundbedürfnisse und aus der Begrenztheit der dafür wie im ganzen verfügbaren Vorräte an Energie und Lebenszeit. Das hieraus entstehende Symptom an „Trägheit" bewirkt: Solche Zustände, die *in der Regel* und *von den meisten* als noch erträglich empfunden werden, werden individuell wie auch kollektiv belassen; gegen sie revoltiert „man" nicht.

Trägheits„gesetze": Wir Menschen sind im bisher entwickelten Sinn als einzelne „träge" im politischen Umfeld; *indivduelle Trägheit*. Dazu kommt eine *soziale Trägheitsstruktur:* In Gruppen delegieren die meisten Mitglieder Führungsfunktionen und -positionen an andere; und zwar in der Regel die Mitglieder mit „normalem", also normal starkem und zudem individuell orientiertem Über-Ich, die ohne besonders ausgeprägten Geltungstrieb; und sie delegieren auf diejenigen mit dem relativ ausgeprägtesten und mit inhaltlich besonders stark transpersonalem Über-Ich („Führerpersönlichkeiten"). Schließlich fällt, ebenfalls schon dem unbewaffneten Auge, noch ein *historisches Trägheits„gesetz"* auf: Es ist schwerer, bestehende Zustände zu ändern, als sie zu erhalten. Auch werden, damit im Einklang, revolutionäre Bewegungen (bürgerlicher Liberalismus, proletarischer Sozialismus, usw.) relativ rasch konservativ, sobald sie an der Macht, sobald sie also selbst zu den „bestehenden Verhältnissen" geworden sind.

Soweit ihre inhaltlichen Ziele erstrebenswert waren, bleiben sie auch erhaltenswert. Die siegreichen Gruppen des Umsturzes werden aber verhältnismäßig schnell und vor allem auch dann bewahrend, wenn ihre Inhalte (noch) gar nicht verwirklicht, wenn sie selbst nur erst tatsächlich an der Macht sind. Um eines solchen Konservatismus und dieser besonderen historischen Trägheit willen werden oft die eigenen Inhalte voreilig *als schon erreicht behauptet* (um weitere Veränderung, Bewegung, Umwälzung zu verhindern).

Auch außerhalb von Umwälzungen lehrt schon alltägliche Erfahrung, daß bereits das bloße Bewahren bestehender Verhältnisse hinreichend anstrengt, um die Motivierbarkeit der beteiligten Menschengruppen auszuschöpfen. Darüber hinaus wird die Erhaltung der Macht als solcher ab deren Erlangung aus den genannten, vielleicht auch noch aus anderen Ursachen weitgehend zum Selbstzweck (gibt es den „herrschsüchtigen Charakter"?), zu einem selbständigen, selbsttragenden Motiv. Man sollte es bei alldem den Klassikern der Permanenten Revolution wie (in gewisser Hinsicht) *Rousseau,* wie vor allem *Trotzki* und *Mao* abnehmen, ihr Konzept um der von ihnen anzielten Inhalte willen entwickelt zu haben.

43.

Wegen der – zumindest – drei Trägheits„gesetze" haben verändernde globale, haben aktivistische und insoweit aktivierende Ideologien stets nach „dem" (in Wahrheit: ihrem) „neuen Menschen" gerufen: nach dem *neuen Menschen* als dem unbegrenzt motivierbaren, agitierbaren Objekt und Subjekt ohne individuelle und soziale Trägheit; und daneben gewiß auch nach „ihrem", dem inhaltlich von ihrer jeweiligen Doktrin bestimmten Prototyp. Als Beispiel mögen nur die eindrucksvoll hemmungslosen, die allzu offenkundig illusionären Phantasien über den „neuen Menschen" bei *Trotzki* dienen; derlei ist als Reaktionsbildung politischer Ideologie auf die tatsächlichen Erfahrungen politischer Apathie und Inertie deutbar.

Nach diesem im Zeichen politischer „Massenträgheit" stehenden Gliederungsschema lassen sich vielleicht auch historische, ideologische und verfassungsrechtliche Verständnisvarianten von „verfassunggebender Gewalt des Volkes" unterscheiden (wobei die hier angezeigten Forschungsthemen *Ideologietext* und *Rechtstext* oben schon skizziert sind).

Historisch: „verfassunggebende Volksgewalt" erscheint dabei als Initiations-Ideologie, als eine solche der Verfassunggebung. In der Regel ist „das" Volk in einer tatsächlich revolutionären Situation vergleichsweise gut motivierbar, agitierbar, also nicht im dreifachen Sinn träge. Es ist dann dafür motivierbar, sich etwas Bestimmtes, etwas Neues zu „geben", dieses Konkrete aktiv durchzusetzen oder mitzubestimmen – wiederum aber mit typischer Arbeitsteilung (wer schlägt vor, wer agitiert, wer formuliert die Texte?), in der die oben so genannte soziale Trägheit zum Vorschein kommt. Trotzdem kann der Topos „verfassunggebende Gewalt" als historische Aussage zur *Entstehung* und zu nachweisbaren Entstehungs-Umständen einer Verfassung dienen, insoweit als nicht-ideologische Redeweise.

Zum Bewahren *(Fortgelten)* einer Verfassung ist das *un*differenzierte Postulat einer „verfassunggebenden Gewalt" dagegen eine überwiegend ideologische Aussage, schon wegen der drei Trägheits„gesetze". „Das" Volk „gibt" in der zeitlichen Dauer aktiv fast gar nichts, ist nicht kollektiv tätig; den neuen Menschen hat man ja noch nicht bemerkt. Das beliebte Umdeuten der Tatsache, daß die – apathische – Bevölkerung gute Miene zum staatstragenden Spiel macht, in ein „Geben", erscheint eben als ideologisch. Ehrlicher ist *Rousseaus* Konzept einer ständigen Agitation durch politische Erziehung, durch Einwirken auf die „Sitten", durch fortwährende Debatte des von allen zu Entscheidenden. *Hobbes* mit seinen Aussagen über die Souveränität (Autorität), die gerade darin bestehe, nicht nur Gesetze zu machen, sondern vor allem auch, sie Gesetze *bleiben zu lassen,* trägt hier nichts bei; denn der sorgt sich um die Gewalt des Herrschers, das Volk mag sehen, wo es bleibt (und es legitimiert ihn ja auch in der Sicht von Ideologen durch sein Hinnehmen, durch passives Erleiden).

Gibt es für die Zeit nach dem Akt der Verfassunggebung eine Möglichkeit, verfassunggebende Volksgewalt als nicht-ideologische Aussage zu formulieren? Gibt es sie auch für den Fall, in dem das Volk überhaupt nicht gehandelt hat, wie 1949 beim Bonner Grundgesetz? In diesem Fall ist nämlich der Text „verfassunggebende Gewalt" auch noch als Aussage zur historischen Initiation ideologisch. Eben diese Möglichkeit einer positivrechtlichen Verwendung der Formel betreffen die obigen Notate zum „Kernbestand der Verfassungsfamilie".

Was ist nun aber, wenn die tatsächliche Bevölkerung, wenn das ausnahmsweise nicht staatlich gebändigte Volk aus seiner Inertie aufwacht und inhaltliche verfassunggebende Gewalt beansprucht; wenn es also die Gewalt schlicht auszuüben unternimmt, die ihm sonst von Verfassungstexten und deren praktischen und theoretischen Vertretern, Exekutoren, Apologeten so bemüht zugeschrieben wird (zum Beispiel Friedens- und Anti-Atom-Bewegungen, massenhafter Protest, großräumige Bürgerinitiativen, umfassend geforderte Partizipartion, etc.)? Ist dies „verfassunggebende Volksgewalt", oder wie verhält sich ein solches Phänomen zu dieser?

Einmal ist „das" Volk erfahrungsgemäß auch hier wieder ein wählerischer Kampfbegriff. Er betrifft *real* nur die eigentliche(n) *Teil*gruppe(n), also die Interessierten, Aktiven, Informierten, nur die mit den fraglichen Inhalten des Protests Einverstandenen; *ideologisch* soll er aber *umfassende* Legitimation beschaffen.

Zum anderen kann, das vorausgesetzt, die *inhaltliche* Stoßrichtung an der (nach wie vor geltenden) Verfassung gemessen und an diesem Maßstab klassifiziert werden: Soweit sich die Forderungen nicht im Normbereich, sondern nur im Sachbereich der Konstitution bewegen und die Verfahren der Verfassungsänderung nicht einhalten wollen; oder soweit sie zwar auf formelle Verfassungsänderung zielen, aber außerhalb von Art. 79 III GG, handelt es sich um *revolutionäre* Gewalt, die geltend gemacht wird. In einem Grundgesetz ohne eine derartige Vorschrift, beziehungsweise in allen Fällen, in denen die Postulate im Rahmen der verfassungsrechtlichen Normbereiche bleiben, wird inhaltlich auf nichts anderes als Verfassungsänderung gedrängt, darf formal aber das entsprechende Verfahren nicht überrollt werden; andernfalls schlägt das Begehren, im obigen Sinn, wieder in revolutionäre Gewalt um. Ist das Ziel hinreichend klar die Bewahrung der geltenden Verfassung gegen eine sie nachhaltig gefährdende Staatsgewalt, und gibt es sonst kein Mittel mehr, ist die Gewalt also legitimistisch, so ist sie als *Widerstand* auch legitim. Ferner kann durch sehr umfangreiche politische Bewegungen der genannten Art auch ein rein tatsächlich bewirkter (falls in den *Norm*bereichen der geltenden Verfassung bleibender!) *Verfassungswandel* herbeigeführt werden. Schließlich kann die Einführung neuer plebiszitärer Verfahren erreicht werden, wozu Gesetze genügen; Art. 20 II 2 („und Abstimmungen") rechtfertigt keinen Numerus clausus legitimer *Plebiszite* auf dem Stand des Grundgesetzes von 1949 (Art. 29, 118 GG).

Auch bei, im gerade entwickelten Sinn, revolutionärer Gewalt und auch im Fall einer geglückten *Revolution* hat also zum einen nicht „das" ganze Volk „sich" eine neue Verfassung „gegeben"; und gegeben wird zum anderen auch nicht immer eine ganze Verfassung, sondern vielleicht nur eine (oder mehrere) zentrale Entscheidung(en) und Institution(en) in dieser. Wenn die aktiven Teile der Bevölkerung 1918/1919 in Deutschland – unter anderem – jedenfalls die Monarchie stürzen wollten, dann ist die republikanische Staatsform der Weimarer Reichsverfassung zum einen ein Teil des Verfassungskerns (weil von der vorausgegangenen revolutionären Gewalt *tatsächlich* erstrebt), zum anderen auch als Faktor des Verfassungskerns *tatsächlich* nur von einem Teil des damaligen deutschen Volkes durchgesetzt. *Schmitt* knüpft an solche Erscheidungen an, wenn er vom „Verfassungsgesetz", also der gesamten Urkunde auf sogenannt nur positivrechtlicher Ebene, die „Verfassung" abspalten will. Diese Spaltung ist im Umkreis politischer „Theo"logie wohl unverzichtbar, für die Rechtswissenschaft ist sie ohne Wert; der „Verfassungskern" des hier vorgeschlagenen Konzepts ist ebenso positivrechtlich wie die Verfassung im ganzen. Wer das (a) „Positivismus" nennen und (b) als solchen beschimpfen will, kann nicht verstanden haben, daß die wissenschaftsgeschichtliche Auseinandersetzung um den juridischen Positivismus den *Ansatz und die Arbeitsweisen der Rechtswissenschaft* betrifft, statt zu generellen *ideologischen* Grabenkriegen sei es in „Geisteswissenschaften", sei es in „Politischer Theologie" zu taugen.

III. Rechtsfrage: materielles Recht

Noch eine Einschränkung steht an. „Das" Volk wird „sich" nach geglückter Revolution zumindest auf Territorien vom Zuschnitt der Flächenstaaten nicht selbst regieren können: aus organisatorischen, technischen, psychologischen, gruppendynamischen, kurz aus sogenannten sachlichen Gründen (aus „Sachzwängen"). Das bleibt unbestritten. Die „verfassunggebende Gewalt des Volkes" als Ideologie-Figur analytisch aufzuklären, bedeutet noch nicht, eine real verfassunggebende Gewalt des Volkes auch in der Dauer praktisch zu behaupten. Es bedeutet aber zunächst, insoweit Abschied von der „verfassunggebenden Gewalt des Volkes" als ideologischem Illusionismus zu nehmen.

Weitere Fragen zur Legitimität

44.

Wie kann man von *normativen* Elementen des Kerns, des Typus einer Verfassungsfamilie sprechen? Die rechtliche *Maßstäblichkeit* des Typus (zunächst nur deskriptiv eine Frage der Rechtsvergleichung) wird dadurch geschaffen, daß des Volkes „verfassunggebende Gewalt" in Verfassungs*texten* legitimierend auftaucht. Der Staat ist demzufolge legitim, solange er seine Gewalt aufgrund einer Verfassung ausübt, die einen bestimmten Kernbestand von „Prinzipien" der Verfassungsfamilie enthält.

Diesseits von Ideologie muß gesagt werden, soweit man dieser Version von „verfassunggebender Gewalt" folgen will: Den „Kern" im Text der Verfassung bilden zunächst einmal Normtexte, eine Verfassung als Urkunde kann nur solche enthalten (Grundgesetz: Art. 79 III, 1 und 20). Wenn sie schon den Legitimitätsmaßstab abgeben sollen, legitimieren sie aber nur dann und nur insoweit, als die Verfassungspraxis mit ihnen *real* übereinstimmt.

So gesehen, schlägt *inhaltliche* verfassunggebende Gewalt zurück. Sie wird von holistischer Einheitsbeschwörung, von ideologischer Beschwichtigung des Volkes *zugunsten* einer ungestörten (weil vorgeblich notwendig legitimen) Ausübung der Staatsgewalt zum handhabbaren Maßstab *gegen* die reale Staatsgewalt.

„Souveränität" betrifft auch die Frage nach der Legitimität des kontinentaleuropäischen Anstaltsstaats; nach jener der Staatsgewalt dieses besonders geformten Gewaltstaats. Mit der Formel „verfassunggebende Gewalt" führt der moderne Verfassungsstaat die Frage ein: Welche konkrete Rolle spielt das Volk bei der Entstehung wie bei der „Anwendung" einer Verfassung? Durch die Antworten auf beides soll Legitimität *am Begriff* „Volk" ausgewiesen werden. Diese neue Fragestellung ist offenbar mit dem Aufkommen des Bürgertums als staatsbestimmender Macht verknüpft. Souveränität, staatliche Legitimität, verfassunggebende Gewalt wären für die projizierte klassenlose Gesellschaft als Grundfragen gegenstandslos.

Das ältere feudale Gemeinwesen und noch der absolutistische Staat gründeten ihre Legitimität auf Überwelt. Der bürgerliche Verfassungsstaat gründet sie auf *Legalität* und damit zum einen auf das Diesseits, zum anderen nunmehr verstärkt auf *Sprache:* auf Normtexte und auf Texte (Grundsätze, Verfahrensgarantien, verfassungsrechtliche Gewährleistungen) darüber, wie diese Normtexte umzusetzen seien (Rückwirkungsverbot, Gleichheitssatz, und so fort); das heißt, auch auf Texte über die reguläre („rechtsstaatlich-rechtmäßige") Bildung von Entscheidungsnormen. Darum werden für die kontinental- europäische Praxis eine geschriebene Verfassungsurkunde und die Schriftlichkeit der Gesetze jetzt entscheidend. Darum wird wichtig, *was* in der Verfassungsurkunde sprachlich fixiert ist und *wie* es fixiert ist. Vor allem das Legitimierende muß darin stehen, und das der rechtfertigenden offiziellen Ideologie Widersprechende muß ausgespart bleiben („das Schweigen der Verfassung"). Ausgespart bleiben muß besonders die zunehmende reale Herrschaft durch (verfassungs-)rechtlich abgesicherte erfolgreich wirtschaftende Privatpersonen; sprachlich ausgedrückt sein muß, alle Staatsgewalt gehe *vom Volke* aus und: *das Volk* habe sich kraft *seiner* verfassunggebenden Gewalt dies alles selbst aufgehalst.

Das Grundgesetz von 1949 beruft sich auf die verfassunggebende Gewalt des Volkes offenkundig, um sich zu rechtfertigen. In Art. 79 III bezeichnet es ferner nur solche Verfassungsänderungen als zulässig, die sich in dessen Rahmen halten. Art. 79 III GG umschreibt, anders gesagt, die Bedingungen, unter denen Verfassungsrecht noch als das dieser Konstitution gelten soll. Die Berufung auf des Volkes verfassunggebende Gewalt sollte das Grundgesetz von seiner Entstehung und seinem ursprünglichen Inhalt her legitimieren. Art. 79 III GG soll dasselbe für die Zukunft bewirken. Er hat künftiges Verfassungsrecht am ursprünglichen Grundgesetz zu rechtfertigen bzw. den Maßstab für illegitime Überschreitungen dieser inhaltlichen Grenze zu liefern.

Art. 79 III GG ist ein Normtext des Grundgesetzes. Er kann eine normative Aussage nur über das Grundgesetz selbst machen; und über eine andere bzw. spätere Verfassung nur im Vergleich mit dem Grundgesetz, insofern gewissermaßen rechtvergleichend. Das bestätigt sich an Art. 146 GG: Obwohl die gesamtdeutsche Verfassung nach der ursprünglichen Konzeption des Grundgesetzes (vgl. Präambel, Art. 23 GG) möglicherweise aus diesem hervorgehen bzw. auf dieses ohne Bruch folgen soll, wird die Maßstäblichkeit des Art. 79 III GG auf jene gesamtdeutsche Konstitution nicht ausgedehnt. Art. 146 bestimmt nur, die spätere Gesamtverfassung müsse „von dem Deutschen Volke" und „in freier Entscheidung" beschlossen werden. Die Frage nach der Legitimität ist nur für den ursprünglichen Verweis auf eine 1948/49 angeblich waltende verfassunggebende Gewalt erfaßt, nicht auch für die zeitlich *nach*wirkende

Maßstäblichkeit des Verfassungskerns für eine Zeit nach dem Grundgesetz. Den auf das Grundgesetz selbst beschränkten Grenzen einer Vorschrift wie der des Art. 79 III trägt Art. 146 GG Rechnung.

45.

Rousseaus Satz: „Il ne suffit pas que le peuple assemblé ait une fois fixé la constitution de l'Etat, en donnant la sanction à un corps de lois; ..."[13] ist für verschiedene Zusammenhänge fortführbar. *Einmal:* Es muß geschichtlich durchgesetzt werden, daß die verfassunggebende Gewalt auf das Volk übergeht; nichts ist fortan wichtiger als ihr Subjekt. Das Objekt: *was* wird gegeben?, kann wechseln. Das Volk muß auf Dauer politisiert werden, neue Verfassunggebung muß möglich bleiben. *Und zum anderen:* Verfassunggebung legitimiert nicht schon abschließend als einmaliger Akt, erst ihre permanente Maßstäblichkeit legitimiert auf Dauer. Die erste Variante bestätigt eine Legitimitätsmetaphysik (hier: „des" Volkes), die zweite widerspricht ihr und will – jedenfalls in der zeitlichen Dauer – Legitimität von der existentiellen Ebene der irreduktiblen Entscheidung auf diejenige normativer Verbindlichkeit verschieben. Es kommt für diese zweite Spielart – abgesehen von den demokratischen *Verfahren* bei der ursprünglichen Verfassunggebung – nicht mehr in erster Linie darauf an, *wer* letzter Zurechnungspunkt der Verfassung sei – Gott, Monarch, Volk – sondern *was* es ist, das Legitimität inhaltlich begründen kann.

Wegen des beiden gemeinsamen Anspruchs auf Legitimität hängt die Frage der Revolution historisch meist mit der nach der verfassunggebenden Gewalt zusammen; sie muß es aber nicht. In Deutschland bliebe zum Beispiel bei einer friedlichen Vereinigung der zwei Staaten, ohne Revolution, die Frage nach der verfassunggebenden Gewalt auf der Tagesordnung (die Problematik des Umgangs mit Art. 79 III, 146, Präambel; während Art. 23 S.2, dessen Anwendbarkeit dann noch näher zu diskutieren wäre, allen *demokratischen* Grundfragen durch „Beitritt" und Inkraftsetzen der sozusagen siegreichen Verfassung aus dem Weg geht.) Oder im Jahr 1945: Staatszusammenbruch durch militärische Niederlage, ohne Putsch, ohne Revolution; die Frage nach der verfassunggebenden Gewalt blieb aktuell, verkam in der Präambel des Grundgesetzes (i.V.m. Art. 144 I GG) dann allerdings zum Ideologietext.

Verwirft man, in der genannten zweiten Variante, alle Legitimitätsmetaphysik, auch die des Volkes, dann soll „Legitimität" nicht länger ein politischer Allgemeinbegriff sein, sondern ein jederzeit konkretisierbarer Maßstab. Legitim ist eine Ordnung dann, wenn sie sich die Legitimitätsfrage nicht erst auf dem sozusagen externen Weg der Revolution, sondern auf dem des Rechts und im

---
[13] DCS III 13.

Rahmen des geltenden Rechts, also intern stellen läßt; und wenn dieses Infragestellen verfahrensrechtlich konkretisiert werden kann (durch praktisch fühlbare Folgen für die Herrschenden: vor allem Wahlen und Abwahlen in den verschiedenen Formen von Demokratie, ferner Plebiszite). *Legitim* ist dann eine Ordnung, die Revolution „eigentlich" nicht mehr braucht, die sie überflüssig macht. Allerdings kann das voraussetzungsgemäß nur für die Staats- und Rechtsverfassung gesagt werden, nicht für den Umsturz der sozialen Verhältnisse. „Revolution" der rechtsnormativen Verfassung (und nicht nur Verfassungsänderung, oder Putsch, oder anderes) wäre dabei nur der Umsturz der Normen und Einrichtungen, die den Verfassungs*kern* bilden. Solange dieser Kern besteht und tatsächlich realisiert wird, gilt der Staat kraft verfassunggebender Volksgewalt als legitim. So lange erfolgte seine Konstituierung – das hing vom anfänglichen *Verfahren* ab und geschieht seine Aufrechterhaltung „in Ausübung der verfassunggebenden Gewalt des Volkes".

Wenn dennoch eine Revolution stattfindet, soll sie dann wenigstens nicht mehr legitim sein können. Zwar kann sie es immer behaupten; das tun alle und mit Erfolg, solange „Legitimität" vage ist. Sie verliert aber an Vagheit, wenn Legitimität und verfassunggebende Gewalt verknüpft werden. Der neue Staat kann und wird ungestraft vorgeben, ganz allgemein legitim zu sein (weil es dafür keine ausreichenden Maßstäbe gibt); nicht so leicht aber, aufgrund von des Volkes „verfassunggebender Gewalt" entstanden zu sein und aufrecht erhalten zu werden (weil es dafür Maßstäbe gibt).

Schon diese noch etwas formale Fassung der Kriterien führt zu einem argumentativen Vorteil. Es ist dann nicht mehr so, daß „Legitimität", „verfassunggebende Gewalt" und „Revolution" weiterhin isoliert nebeneinander stehen. Andernfalls ist eine Revolution maßstabslos; ohne Maßstab wegen der tabula rasa der neuen Gewaltapparate. Sie schafft sich die neuen Maßstäbe, die eigene Legitimität. Die „verfassunggebende Volksgewalt" wird dann traditionell, ohne Meßbarkeit an Revolution und an Legitimität, wie automatisch mitgeliefert. Sie ist Verbaldekoration für einen geglückten Umsturz, verfassungstheoretische Prämie für durchgesetzte Macht. Das führt rechtlich zu nichts, macht die Inhalte zu Gegenständen rhetorischer Polemik in einem fortwährenden Karussell von Gewalt und Gegengewalt, zu Vokabeln in einer verfassungstheoretischen Gebetsmühle.

Demgegenüber bringt der notierte Gedanke schon in seiner noch formalen Fassung den *Maßstabs- und Verantwortlichkeitscharakter* von (legitimierender) „verfassunggebender Gewalt" heraus. Näher betrachtet, ist das Beharren auf Vertextung dieses Anspruchs dann nicht mehr „formal", wenn Ideologietexte im Rahmen der Verfassungsurkunde, wie hier, abgelehnt werden und „verfassunggebende Gewalt" als *Rechts*formel, genauer: als *Normtext* behandelt ist. Dann können Maßstäbe gegeben, kann die „verfassunggebende Gewalt" materiell aufgefüllt werden: durch tatsächlich demokratische Verfahren der Inkraftsetzung und durch – als rechtsmethodischer *Sachbereich* – eingeführte materielle Kerninhalte der Verfassungsfamilie; beides als direkte normative Folge der Vertextung.

Die inhaltliche Formel für verfassunggebende Gewalt im Grundgesetz bietet Art. 79 III. Er läßt auch Revolution, Legitimität und verfassunggebende Gewalt dank *inhaltlicher* Bestimmungen miteinander verknüpfen. Nur: Art. 79 III – abgesehen von Art. 146 – spricht sein Anathema notwendig auf dem Boden *dieser* Verfassung, da er selbst deren Normtext ist. Er kann sich, als positive Vorschrift, nicht zugleich überpositive Geltung anmaßen; kann keinen Vorgriff über eine Revolution hinaus vollziehen. Er kann nur sagen: das wird dann *vom Grundgesetz her* nicht mehr legitim sein. Damit verbindet er nicht nur Legitimität und Revolution, sondern auch die verfassunggebende Gewalt. Denn: was dann, vorbehaltlich Art. 146 GG, außerhalb von Art. 79 III , „gegeben" würde, wäre keine *„Verfassung"*, geschähe nicht in Ausübung der (legitimierenden) „verfassunggebenden Gewalt des Volkes". Das Konzept von dieser Gewalt als einem Normtext führt für das Grundgesetz zu einem *materialen Verfassungsbegriff*.

Das Rechtssystem einer Diktatur ist also nicht „Verfassung". Allerdings ist das *rechtlich*, das heißt in Gestalt des Art. 79 III, nur *vom Grundgesetz her* als verbindliche Aussage zu treffen.

Bei dem Nexus: Legitimität – Revolution – verfassunggebende Gewalt des Volkes handelt es sich stets um dieselbe Rechtsfrage. Das ist der Sache, wenn auch vielleicht nicht der Bewußtheit nach, in Art. 79 III GG realisiert. Art. 79 III reicht normativ nur nicht über das Grundgesetz und dessen Geltung hinaus. Die Verfassungstheorie ändert daran nichts, sie gibt keine naturrechtliche Würde. Sie hält einen Maßstab fest, den die neuere kontinental-europäische und nordamerikanische Verfassungsgeschichte herausgebracht hat und formuliert ihn im Rahmen des Zeithorizonts, in dem sie selber steht, als politisch-moralisch verpflichtendes Essentiale dieser Tradition. Mehr kann sie nicht bewirken, rechtliche Normativität kann sie nicht usurpieren.

Die Verfassungstheorie ist nicht an den Inhalt von Art. 79 III gebunden. Dieser Artikel ist ein positivrechtlicher „Niederschlag", der selbst aus dieser Tradition kommt und für sie aufschlußreich ist (wie auch: „n'a point de constitution" in Art. 16 der Erklärung vom 26.8.1789). Er ist aber, sowenig wie die Erklärung von 1789 oder die Revolutionsverfassung von 1791, nicht das normativ letzte Wort. Er kann seinen positivrechtlichen Geltungsrahmen nicht transzendieren. Für andere Verfassungen liefert er vergleichendes *(Sachbereich)*, nicht aber verbindliches *(Normbereich)* Material.

Seine im Stil der Tradition ontologische Hypostasierung zum allgemeinen Naturrecht wäre wegen seiner offenkundigen „abendländischen" Bedingtheit (zeitlich, räumlich, geschichtlich, politisch und ökonomisch) absurd. Und seine etwas elegantere Erklärung zum „Naturrecht mit wechselndem Inhalt", zum „Kulturrecht" würde der Sache nach nichts zusätzlich sagen; würde allerdings Folgeprobleme aufwerfen, die nichts zur Sache tun (Naturrechtsdiskussion), und bliebe methodisch zu unbestimmt.

Der Gedanke der verfassunggebenden Gewalt als Frage nach der Legitimität und nach legitimer Revolution ist in diesem Geschichtsraum entwickelt, erkämpft worden und ist nur hier verpflichtende (Kultur- und Rechts-) Tradition. Nicht einmal innerhalb desselben Raums läßt sich eine Normativität dieses Gedankens vom Geltungsgebiet der einen Verfassung auf das einer anderen ausdehnen. Noch weniger kann der Gedanke einen Anspruch erheben, der über sein geschichtliches Wirkungsfeld hinausgreifen würde.

46.

Primär für die materiellrechtliche Seite ist nicht die Frage nach dem historischen Vorgang der Inkraftsetzung der Urkunde, sondern der Gedanke der verfassunggebenden Gewalt als Zuordnungspunkt und Rechtsmaßstab. Primär ist hier also nicht die Frage, *wer* die verfassunggebende Gewalt „besitze", sondern *was* die verfassunggebende Gewalt (a) funktionell bedeute und (b) zum Inhalt habe.

Die Urkundentexte tendieren zu der Fragerichtung: *Wem* kommt die verfassunggebende Gewalt zu? Aber schon kaum mehr zu der anschließenden: Hat sie der Berechtigte auch wirklich ausgeübt oder etwa ein Nichtberechtigter? Denn da es sich um eine Formel handelt, die auf jeden Fall legitimieren soll – sonst würde sie nicht benützt –, wird die Ausübung durch den Berechtigten entweder stillschweigend unterstellt oder gegen den tatsächlichen Hergang behauptet (das Grundgesetz von 1949).

Wem die verfassunggebende Gewalt zukomme, ist für die Frage des *Verfahrens* von Belang. Die Antwort: „dem Monarchen", „der Partei", „dem Führer", „dem Volk" steckt die äußersten Grenzen des jeweils noch „legitimen" Verfahrens der Verfassunggebung ab. Sie kann aber die Frage nach der Legitimität nicht erschöpfen und betrifft nur den historischen Vorgang des Gebens, nicht die Maßstäblichkeit für gegenwärtiges und zukünftiges Gelten.

Steht die Gewalt „dem Volk" zu, erfordert das ein demokratisches Procedere. Dabei kommt aber die Allegorie der Repräsentation herein, ein breiter Fächer von möglichen Verfahrenstypen, die – noch so elitär, noch so mittelbar – dem Anspruch nach dann doch „dem Volk" angehängt werden. De facto ist es nie „das" Volk, das (sich) die Verfassung gibt, auch nicht im Fall der Akklamation, auch nicht bei geheimer Abstimmung mit mehrheitlichem Ergebnis, auch nicht bei Zustimmung durch Repräsentanten (Grundgesetz: die der Länder). Auch bei authentischer Volksrevolution bleibt ein Repräsentationsproblem, da nicht das ganze Volk die Revolution durchführt, das Volk sich nie homogen einig ist und selbst unter den politisch Einigen das Geben – als ein punktuell-historischer Akt verstanden – durch Revolutionieren nicht gleichwertig ist jenem durch passives Hinnehmen oder bloßes Akklamieren.

Die Aussage, *wem* die Gewalt zukomme, die Verfassung zu geben, liefert nur unvollständige Maßstäbe des Legitimen. Trotz ihrer semantischen Vorgabe, auf einen historischen Augenblick gemünzt zu sein, tendiert sie zu ungeschichtlichen Unterstellungen von Legitimität. Das *demokratische Verfahren als Rechtspflicht,* wenn die Formel nicht Ideologietext bleiben soll, braucht eine *materielle Ergänzung* für die geschichtliche Dauer des Geltens dieser Konstitution. Sobald man auf das Verfassung-Geben „durch das Volk" in der andauernden Zeit umschwenkt, hat man die Frage im Akzent von: *wer* muß die Verfassung „geben", damit sie legitim ist? verschoben zu: *was* muß „gegeben" werden, damit dieser Staat legitim funktioniert? Die für sich allein noch unzulängliche Frage nach dem „wer?" verdeckt (a) pauschal den Mangel eines konkreten Gebens durch das Volk im historisch-punktuellen Sinn; postuliert (b) ein Geben in der Zeit durch das (ertragende, sich duckende) Volk auch bei Terrorherrschaft, und könnte (c) jede inhaltliche Barbarei der „normativen" wie der „wirklichen" Verfassung mit dem Hinweis decken, die verfassunggebende Gewalt liege doch bekanntlich beim Volk, somit sei dieser Staat legitim.

Der punktuelle Akt des Inkraftsetzens bleibt vorläufig gegenüber der geschichtlich *dauernden Geltung* einer Verfassung, deren Funktion es vor allem ist, stabilisierende Grundordnung des Gemeinwesens in der Zeit zu sein. Der gründende Akt sagt auch noch nichts über die rechtlichen und rechtlich veranlaßten *Konkretisierungen* durch staatliches Handeln, die ihm folgen; sagt nichts über deren *Inhalte.* Auf diese vor allem kommt es für die Frage der Legitimität an; eine Verfassung ist eine sachlich *bestimmte* Fundamentalordnung.

Käme es auf die Inhalte als „legitim" geltenden Staatshandelns nicht an, wäre „Verfassung" kein Rechtsbegriff, sondern nur existentieller Tatbestand, nur „Wille" und „Entscheidung". Dann legitimierte „verfassunggebende Gewalt *des Volkes*" zwanglos eine das Volk plattwalzende Zwangsherrschaft; oder sie setzte, ganz irreal, ein Volk von Widerstandskämpfern voraus. Der „Wille" des diese Art von Verfassung rechtfertigenden Volkes ist den Herrschenden über die Maßen nützlich: als „bouche du pouvoir de la terreur". Verfassunggebende Gewalt in dieser Form ist nichts als *ein Verschieben* der Nicht-Begründung von Legitimität, der *Nicht-Legitimierung* des agierenden Gewaltstaates *von geschichtlich älteren auf geschichtlich jüngere „Träger",* Subjekte: auf „das Volk". Solche Art von Staatsmetaphysik taugt auch als Volks-Metaphysik nichts. Solche Art von „Volks"totalitarismus ist illegitim, da sie Totalitarismus ist. Beide fallen hinter entscheidende Ergebnisse von Verfassungsgeschichte und Verfassungsdenken der europäischen Neuzeit, ja mit der Entfesselung metaphysischer Blankovollmachten im Namen „des" Volkes noch hinter die Vorstellungen verantwortlicher „guter" Herrschaft des Mittelalters (und früherer Zeiten) zurück. Für die Verfassungstheorie kommt es darauf an, von Staatsmetaphysik und -totalitarismus, diesen historisch übergenug demaskierten Praktiken, wegzukommen, gleichgültig mit *wessen* „verfassunggebendem" Namen sie sich drapieren.

Art. 79 III GG setzt denn auch weniger, wie die herrschende Lehre sagt, „Rechtsstaat über Volkssouveränität", als vielmehr den *sachlichen Kern* des Verfassungsstaates über einen dezisionistisch verstandenen Voluntarismus des Volkswillens; setzt also die Was-Frage der verfassunggebenden Gewalt über die Wer-Frage nach der verfassunggebenden Gewalt.

47.

Die Frage nach legitimen Inhalten zwingt zur Konkretion. Sie bestimmt sich durch das, was die Tradition des europäisch-nordamerikanischen Verfassungsstaats der Neuzeit als politisch-moralisch verbindlich anbietet. Die Frage lautet dann: *Was muß die verfassunggebende Gewalt geben, damit dieser Staat legitim sei?* Dabei ist es für eine Verfassungstheorie, die für den Typus zu entwickeln ist, dem das Grundgesetz angehört, nicht mehr zweifelhaft, daß die Frage des Was als eine nach der verfassunggebenden Gewalt *des Volkes* gestellt wird, und eben nicht als Leertitel.

Die verfassunggebende Gewalt in diesem Sinn ist keine übergreifend positive Norm, sondern ein im Rahmen dieses Verfassungstypus zentraler Grundsatz. Als *genereller* kann er mit *normativer* Wirkung die für diesen Verfassungskreis bisher typischen nationalstaatlichen Geltungsbereiche nicht überspringen.

Nicht weil „das Volk" 1933 die Revolution durchgeführt, eine neue Verfassung „gegeben", eine *Schmitt*sche „Gesamtentscheidung" über die Art seiner politischen Existenz getroffen bzw. eine solche hingenommen bzw. ihr akklamiert bzw. die Verfassung „gelebt" hätte, wäre hier „verfassunggebende Gewalt (des Volkes)" tätig und wäre dieser Staat legitim gewesen; *und nicht, weil* „in Wirklichkeit" *nicht* das Volk diese Verfassung „gegeben" oder hingenommen, sie gelebt, ihr akklamiert habe, war dieser Verfassungszustand illegitim. Solche Ausdrücke taugen überhaupt nicht zu Maßstäben, sie verbleiben – mit *diesem* oder mit *entgegengesetztem* Akzent – im Bereich der Ideologietexte. Dieser Staat war illegitim, weil es an einem Normtext zur verfassunggebenden Volksgewalt, an den *verfahrens*rechtlichen und vor allem auch an den *materiellen* demokratisch-rechtsstaatlichen Folgerungen aus dieser Volksgewalt fehlte.

Die verfassunggebende Gewalt war 1919 ausgeübt worden.[14] Die Weimarer Reichsverfassung war – auch vom „Was?" her – legitim. 1933 wurde diese („normative" und auch „wirkliche") Verfassung *fundamental verändert*. Gleichgültig, ob die Machthaber „legal" an die Macht gekommen waren oder nicht (das differenziert nur den Putsch vom vorgesehenen Verfassungsvorgang), lag eine Revolution im oben festgehaltenen Rechtssinn vor. Also hätte es sich um einen Akt der verfassunggebenden Gewalt gehandelt, wenn im verfahrens- und im materiellrechtlichen Sinn dieser normativen Rechtsfigur eine „Verfassung" gegeben worden wäre (was ausnahmsweise auch, im nationalen Geltungsbereich, gewohnheitsrechtlich möglich ist, siehe Großbritannien; im Fall einer Revolution, wie hier, fehlt es aber an den Voraussetzungen dafür, von „Gewohnheitsrecht" sprechen zu können). Dies war nicht der Fall, da: Mangel an Vertextung; Mangel an Verfahren demokratischer Inkraftsetzung; und materiell: Tyrannis, keine Gewaltenteilung, keine Form von Demokratie im Sinn von konkreter Absetzbarkeit und Abwählbarkeit; ferner da keine Rechtsgleichheit, kein Minderheitenschutz, keine demokratienotwendigen Grundrechte als normativ verbindlich behandelt wurden.

1933 hätte es sich bei einzelnen verfahrensrechtlich korrekten Änderungen der Verfassung *ohne* Gewalt um eine legale Verfassungsänderung gehandelt. Bei *un*wesentlichen Veränderungen der Verfassung durch Gewalt hätte ein Putsch vorgelegen, keine Revolution. Er wäre verfassungswidrig, illegal gewesen, da im Rahmen der (weiter-)geltenden Verfassung auf nicht verfassungsgemäßem Weg zustandegekommen. 1933 hätte bei Änderung der Kernvorschriften der Verfassung *mit* Gewalt *oder ohne* Gewalt, etwa durch eine Zweidrittelmehrheit, auch ohne eine Vorschrift wie Art. 79 III GG in jedem Fall eine Revolution im Rechtssinn vorgelegen. Daß die Revolution 1933 in der Tat illegitim war, lag an den oben (zu: Vertextung – Verfahren – Inhalten) notierten Gründen.

Diese Freiheit zur legitimen Revolution als ein Freiheits-Recht im Namen des Verfassungsstaats ist denkbar also nur „im" Nicht-Verfassungsstaat, will heißen: vor seinem *tatsächlichen* Hintergrund (und gewiß nicht in seiner *Rechts*ordnung vorgesehen!). Dort, wo eine Revolution im hier ausgeführten Sinn legitim sein will, ist sie nicht einfach die Furie des Verschwindens für das illegitime Alte, nicht die Freiheit der Leere für irgendein Neues, nicht ein Rechtstitel auf Dezision um der Dezision willen. Sondern sie meint das Recht, eine der durchaus variablen Spielarten des legitimen Verfassungsstaats zu konstituieren; des Staats, der dadurch entsteht, daß nicht irgend eine Rechtsorganisation in wessen Namen (und sei es in dem „des Volkes") auch immer positiv gesetzt, sondern daß die als „verfassung"gebende schon von vornherein mate-

---

[14] Und zwar im repräsentativen Verfahren: das „Deutsche Volk ... durch seine Nationalversammlung" (Art. 181 WRV).

riell umschriebene *legitimierende Gewalt des Volkes* aktualisiert wird: Vertextung und Verfahren und inhaltlicher Kernbestand.

Könnte auch eine von einem Einzelgesetzgeber (in *Rousseaus* Sinn; er müßte wahrscheinlich wirklich an Gott erinnern) erlassene demokratisch-rechtsstaatliche Verfassung im skizzierten Sinn legitim sein? Dieser Extrempunkt ist irreal, insofern unwichtig. Die (praktisch oft gelenkte bis manipulierte) Durchführung des demokratischen Verfahrens *allein* sagt noch nichts Abschließendes über die Legitimität, nichts darüber, ob die neue Verfassung als Aktualisierung der verfassunggebenden Gewalt des Volkes gelten kann oder nicht. Die Nicht-Einhaltung des Verfahrens trotz Vertextung indiziert die Nicht-Aktualisierung der verfassunggebenden Gewalt des Volkes, festzustellen für das Grundgesetz von 1949; für die Illegitimität der neuen Verfassung im ganzen liefert sie ein (widerlegbares) Indiz.

„Legitimität", „verfassunggebende Volksgewalt", „legitime" Revolution sind keine Absoluta, sondern aus einer bestimmten, gewiß nicht einlinigen Verfassungstradition gewonnen, durch sie vermittelt. Der Rahmen wird durch den Geschichtsraum abgesteckt und unterliegt nicht der beliebigen Dezision; das heißt, diese Rechtskultur kann nur Praktiken von Staaten *ihres* Bereichs als politisch-moralisch illegitim markieren, die nicht einer Aktualisierung der verfassunggebenden Gewalt des Volkes entsprechen. Diese Relativität ist unvermeidlich. Die hier erörterten Standards sind nur in diesem Geschichts- und Rechtsraum entstanden, wirksam geworden und sind es – mit punktuellen Ausstrahlungen – gerade hier geblieben („Verfassungsfamilie"). Anforderungen dieser Art an *andere Rechtskulturen* (wie etwa die der „Dritten Welt") sind ohne Recht, soweit sie imperialistisch / neokolonialistischer Attitüde der „Herren der Welt" entspringen. Sie sind *legitim* nur als Folgerung aus Verpflichtungen, die von den fraglichen Staaten im Rahmen des Internationalen Rechts eingegangen wurden (Konventionen, Verträge, UNO-Mitgliedschaft). Für Mitglieder der Vereinten Nationen hat dabei die nicht-normative Menschenrechtserklärung von 1948 eine analoge Wirkung wie die politisch-moralischen Standards innerhalb der hier zum Thema gemachten Verfassungsfamilie. Auch diese Standards sind, rechtsmethodisch präzisiert, nicht Rechtsnormen und auch nicht Normtexte, sondern liefern der juristischen Arbeit nur Sachbereiche und müssen, um innerstaatlich wirken zu können, in die jeweils in Frage stehende nationale Rechtsordnung als Normtexte aufgenommen sein.

„Verfassunggebende Gewalt" kann eine Funktion der *Rechtfertigung durch Vergangenheit* annehmen, durch überlieferte Maßstäbe der Tradition der Verfassungsfamilie, des „geschichtlich erreichten Fortschritts" (wie Volkssouveränität – Demokratie – Gewaltenteilung – Menschenrechte); oder eine Funktion der *Rechtfertigung durch Gegenwart,* durch tatsächliche mehrheitlich / massenhafte Zustimmung „des Volkes", der Beherrschten und Verwalteten. Das zweite kann, von den Herrschenden, gegen das erste ausgespielt (Cäsarismus, Faschismus, Populismus) sowie das erste, von den Beherrschten gegen solcherart Herrschende geltend gemacht werden (Widerstand). Beide können auch erst nachträglich zusammengehen; und zwar auf den durch den ersten Faktor geformten Bahnen: in den schon seit Jahrhunderten konservierend umgepolten bürgerlich-liberalen Staaten auf deren bekannt indirekte, diskrete Weise („stillschweigende Zustimmung" zum Bonner Grundgesetz ohne dessen dem Standard der Verfassungsfamilie entsprechendes Inkraftsetzen durch das Volk oder zumindest mittels des Volkes).

Im praktischen Konflikt zählt nicht die Tatsache der Relativität des Maßstabes „verfassunggebende Volksgewalt", sondern zählt die Relation der beiden genannten Legitimitätsaussagen. Die nüchterne Einsicht, alle Aussagen zum ersten wie zum zweiten Faktor seien je in sich und auch gegenseitig letztlich doch relativ, bedeutet nur dann, sie seien daher irrelevant, wenn sie den Bewertenden außer Relation zum Bewerteten stellt. Das ist aber der falsche Ansatz. Denn: eine Bewertung, die nicht nur ungeprüftes Meinen ist, sondern geprüfte Aussage, ist Arbeit. Als solche ist sie schon bestimmte gesellschaftliche Praxis. Auf andere Art ist auch die ungeprüfte Meinung (Lebens-)Praxis; und, soweit sie in Kommunikation eingebracht wird, auch gesellschaftliche. Das objektive Moment der Bewertung von Legitimität liegt nicht in „objektiver" (das heißt nicht relativer) Wahrheit; diese wäre nur bei der ersten Variante auffindbar, die dortigen Maßstäbe (Traditionen / Standards) sind aber über die Geltungszonen der einzelnen Verfassungen hinaus nicht normativ. Das objektive Moment liegt in der Relation: Bewertung ist Praxis. Der Bewertende leistet Praxis, verhält sich verbindlich zu diesem Standard (und damit zugleich zur Restmenge der anderen). Wer bei cäsaristischen, populistischen, faschistischen Beschwörungen „des Volkes" gegen den Legitimitätskern der Verfassungsfamilie mitmacht, kann nicht zugleich (oder opportunistisch-nachträglich) auf „rein" wissenschaftliche Distanz gehen. Und: wer solches legitimiert, ist so zu behandeln, als habe er mitgemacht. Und: wer diesen Legitimitätskern verdammt, müßte, will er Anspruch auf wissenschaftliches Gehör haben, seine Karten unzweideutig auf den Tisch legen.

Die hier untersuchte Frage ist eine der *Verfassungstheorie*. Diese muß sich – sozusagen als die Besondere Staatslehre des modernen Verfassungsstaats – nicht unbedingt auf eine einzelne Verfassungsordnung beschränken. Sie kann, mit den Materialquellen von Rechtsgeschichte und Rechtsvergleichung, auch zu einer typologischen Strukturlehre gelangen. Deren inhaltlich umschreibbarer Kern ist dann im Binnenbereich der geltenden Einzelverfassungen der Staatengruppe notwendig nicht mehr normativ.

Daß trotzdem Staaten anderer Rechtskulturen, die diesem Bild nicht entsprechen, als illegitim verurteilt werden sollen und ihre Konstitution als nicht der

„verfassunggebenden Gewalt des Volkes" entspringend, ist *außerhalb* von entsprechenden international-rechtlichen Verpflichtungen oder Mitgliedschaften dieser Staaten nicht akzeptabel. Es zeigt vielmehr neben den normativen auch die materialen Grenzen der Verfassungslehre in ihrer geschichtlich überlieferten Kontingenz; einer Kontingenz, die nicht nur den inhaltlichen Kern des Verfassungstypus als Maßstab für Legitimität und legitimierende Volksgewalt betrifft, sondern bereits die so formulierte *Frage* nach staatlicher Legitimität und das Problem der verfassunggebenden Gewalt des Volkes *als solches*.

Ob man die Staaten, die sich sozialistisch nennen, und sei es nur die europäischen, von der älteren Vorgeschichte her der bürgerlichen Verfassungsfamilie einverleiben kann, ist zweifelhaft. Für jene, die das tun wollen, sind diese Staaten zunächst einmal wirtschaftspolitisch legitim. Wirtschaftssysteme können legitim zwischen Kapitalismus und (Staats-)Sozialismus pendeln. Nicht legitim sind sie unter dem Gesichtspunkt ihrer Tyrannis: Mangel an *rechtsstaatlichen Grundgarantien* (Gewaltenteilung, unabhängige Gerichte) – Mangel an *demokratienotwendigen Grundrechten* (Freiheit der Person, Freizügigkeit, Gedanken-, Äußerungs-, Informations-, Presse-, Versammlungs-, Vereinigungsfreiheit) – *demokratischer Hauptmangel einer* hinreichend konkretisierbaren, einer nachweisbar „greifenden" *Verantwortung der Herrschenden,* sowie Mangel an wirksamem *Minderheitenschutz,* der wegen der unvermeidbaren Inhomogenität der Bevölkerung für jede Legitimation durch die „verfassunggebende Gewalt *des* Volkes" unverzichtbar ist.

48.

Solange die legalen Kontroll- und Abwehrmöglichkeiten gegen eine Veränderung des Verfassungskerns, gegen ein Verlassen der Legitimität funktionieren, ist ein *Recht* auf legitime Revolution, will es seinerseits legitim *ausgeübt* werden, in diesen Rechtsbahnen zu kanalisieren; anders gesagt: wird es als *Revolutions*recht gerade nicht aktuell. Erst wenn die Rechtsformen der Abwehr und Kontrolle von Verfassungs(kern)widrigkeit praktisch versagen, sind *Widerstands*recht und Revolutionsrecht legitim ausübbar, um die Legitimität (wieder-)herzustellen.

Die Legitimität begibt sich insoweit in die Legalität hinein. Sie bleibt aber – weit davon entfernt, nur im *Punkt* der Verfassung*gebung* existent zu werden – in der Dauer als *sachlich höchster Maßstab* für die Rechtfertigung staatlichen Daseins und staatlicher Tätigkeit normativ präsent. Da sie *immer* ein Rechtsmaßstab ist, *immer* sachbestimmte Norm, steht sie in der Zeit (im Verfassungsleben) nur in einem anderen Aggregatzustand als im Zeit-Punkt der Verfassunggebung.

So gesehen, besteht im Grund kein trennender Unterschied zwischen Legalität und Legitimität. Beide sind keine der Art nach verschiedenen Größen, keine gegenseitig ausspielbaren oder im „Wesen" voneinander abhebbaren Maßstäbe, Bezugspunkte, Existenzweisen von Staatlichkeit, die angeblich dimensional gegeneinanderstehen und die einander abrupt durch sachleer-existentielle, durch de facto geschichtsmächtige Dezision – nach dem Bild einer tabula rasa – ablösen könnten.

Sondern: Die Frage nach der Legitimität ist bereits die nach einer rechtlichen *Norm;* und damit die nach einem *sachbestimmten* Ordnungsmodell, einem inhaltlichen Gestaltungs- und Tätigkeitsentwurf staatlicher Organisation.[15] Die Normativität dieser Norm, ihr Sachgehalt, bleibt sich gleich, ob noch ohne ausgeformte Rechtsordnung (im Zeit-Punkt der Staatsgründung bzw. der Revolution), oder schon mit ausgearbeiteter, eben mit „legaler" Rechtsordnung (während der Existenz des Staates aufgrund seiner positiv-rechtlichen Verfassung).

Legalität ist demgegenüber kein aliud. Das schon deshalb nicht, weil weder Legitimität noch Legalität *Existenz*größen sind; und weil auch nicht etwa nur die Legalität normativ wäre, die Legitimität hingegen eine existentielle Figur. In jedem Fall geht es um eine *Norm* mit einem sachlichen Kerngehalt. Und mit dieser Funktion: Legitimität als eine moderne Wendung der Theodizee, reagierend auf die Aktionen staatlicher Verbände; als die beherrschende Frage nach der Rechtfertigung von Staatlichkeit, wie sie in dieser Verfassungsfamilie geschichtlich herausgekommen ist. Daneben bleibt nichts von der *Dimension* her Eigenes für die Legalität. Daß Normen „gelten", daß sie befolgt werden sollen, daß sie mit staatlichen Sanktionen besetzte Verhaltens- und Ordnungsmodelle sind, gilt für alle Normen, gilt für die ganze Rechtsordnung einschließlich ihres „legitimierenden" Kerns.

Legalität ist die *ausgearbeitete* Abbildung der Realität einer letzten staatlichen Verantwortlichkeit vor „dem Volk" (Demokratie als Hauptpartikel des Verfassungskerns), ist die Abbildung *dieser* Art von Aktualisierung der Frage nach der Legitimität im Bereich der positiven, ja als positive Rechtsordnung.

Noch anders beleuchtet: Es gehört zu Normativität ganz allgemein, ihre Impulse inhaltlich konkret / wirklichkeitsmächtig zu aktualisieren. Die Legitimität ist normativen Charakters, sie teilt diese Funktionsweise. Legalität umfaßt die tatsächliche Realisierung von *Normen,* von positivrechtlicher Normativität; und auch „Legitimität" stellt eine staatsspezifische Norm dar. „Legalität" und „Legitimität" sind nicht dasselbe, aber das gleiche: aus gleichem (rechtsnormativem) Stoff.

---

[15] Zu diesem „konkreten" Normkonzept: Normstruktur und Normativität, 1966, v. a. S. 168 ff., 184 ff.; für die Grundrechte als wichtigen Beispieltypus: 201 ff.

Es ist also „Legalität" kein Gegenbegriff zur „Legitimität"; auch keine „niedrigere Stufe", keine bloße „Normalform" der Legitimität; auch nicht die allgemeine Normallage, während die Frage nach der Legitimität angeblich die Ausnahmelage markiere. „Legitimität" gilt immer, auch für die Normallage, als supremer Rechtfertigungsmaßstab staatlichen Wirkens; die Spaltung in „Ausnahmezustand – Normallage" ist dafür bedeutungslos. „Legalität" gilt gleichfalls immer, in der Normal- wie in der Ausnahmesituation, da sie bedeutet: die Struktur und Funktion von Normativität überhaupt. Auch hier läuft, im Rahmen von Rechtswissenschaft (wenn auch nicht von Politischer „*Theo*"*logie)*, die Aufspaltung in rechtliche Normalität und nicht-rechtliche (existentielle) Ausnahmesituation ins Leere.

Der Vorwurf wäre daher neben der Sache, die Legitimitätfrage damit unzulässig „legalisiert" zu haben, unzulänglichen „Positivismus" treiben. Das hier skizzierte Konzept von Legitimität und von verfassunggebender Gewalt des Volkes widersteht gerade jenem quodlibet-Positivismus, der jede Barbarei deckt, wenn es nur positive Verfassungs- und Gesetzesvorschriften dafür gibt. Das Konzept unterstellt auch kein Naturrecht, „legitimiert" auch nicht die Legalität. Legitimität und Legalität antworten auf graduell verschiedene Fragen, die nicht vermischt, aber auch nicht nach „Rechtsordnung – Existenzmacht" polarisiert sind. So müssen die „Lagen" nicht zum Schaden des Rechts und zum Nutzen rechtsblinder Geschichtsgewalt auseinandergerissen, ihre graduellen Unterschiede nicht dämonisiert werden. Legitimität und Legalität gründen in verschiedenen Frageperspektiven, nicht in existentiell-ontologischer Polari-

49.

Der letzte amtierende Habsburger, auf die Meldung: „Majestät, Revolution! – Ja, derfen die denn das?" – Gut gesehen. Um diese „Spannung" zwischen Revolution und verfassunggebender Volksgewalt kommt keine Verfassungslehre herum.

Wenn nach einem Putsch, einem Umsturz „von oben" auf nicht verfassungsgemäßem Weg, weiterhin in den Bahnen der bisherigen Verfassung und nur mit anderen leitenden Machtdarstellern fortgefahren wird, entsteht kein Problem der verfassunggebenden Gewalt (wenn auch ein schwerwiegendes Rechtsproblem aufgrund der einschlägigen Einzelvorschriften). Der Ausdruck „Revolution" für den gewaltsamen Umsturz „von unten" sollte dem Falltypus vorbehalten bleiben, in dem die essentials, die normativen Fundamente der Verfassung umgestoßen werden.

Das Widerstandsrecht[17] muß im legitimen Verfassungsstaat ein Rechtsbegriff sein; darf nicht ein vager dezisionistischer Existenzbegriff bleiben, der post festum die stärkeren Gewehre unter dem Titel der „Geschichtsmächtigkeit" auf Verfassungsebene rechtfertigen möchte. In dieser Verfassungsfamilie fällt die Frage nach der „wirklichen" Ausübung verfassunggebender Volksgewalt mit jener nach dem „wirklichen Vorhandensein" staatlicher Legitimität sachlich zusammen. Hier formuliert das *Revolutionsrecht* kollektiv, das *Widerstandsrecht* individuell diesen oben umschriebenen Tatbestand des sachlichen Zusammentreffens.

Alle vier: Revolutionsrecht, Widerstandsrecht, verfassunggebende Volksgewalt und Legitimität sind, so gesehen, *Rechts*begriffe; sind sachgebundene, materiale Maßstäbe anbietende, sind Voluntarismus, Normlogismus, Dezisionismus (und politisch: allgegenwärtigen Opportunismus) im Namen der Verbindlichkeit von Recht und Verfassung hinter sich lassende Begriffe; sind prototypischer Hauptbestandteil der Verfassungsfamilie von allerdings nur politisch-moralischem Status. Der *Sachbereich* ist ihnen gemeinsam: eine Gruppe von Institutionen, Rechtsgarantien, Organisationsformen, die sich aus der insoweit homogenen Tradition dieses Verfassungskreises speist und im einzelnen verfassungsgeschichtlich und -vergleichend zu erarbeiten ist (vgl. oben, zuletzt Abschnitt 46).

Widerstandsrecht und Revolutionsrecht sind als Aspekte der Frage der Legitimität im *Sachbereich* von Art. 1 I und II, 20 II, 79 III GG mit enthalten; sowie als *Normbereiche* in dem Maß, in dem diese und andere (systematisch verwertbare) Normtexte des Grundgesetzes entsprechende *Normprogramme* zu entwik-

---

[17] (Vor der Verfassungsnovelle vom 24.6.1968 notiert, die in Art. 20 IV GG ein Widerstandsrecht einführte; Anm. d. Hrsg.)

keln erlauben. Solche Normprogramme enthalten nach dem oben Gesagten jedenfalls die Bestimmung, daß Revolutions- und Widerstandsrecht *nur auf Grund* eines dem Kern des Grundgesetzes widersprechenden Zustands und *nur zur* Wiederherstellung eines insoweit legitimen Zustands als *Rechte* in Frage kommen. Nur insofern sind sie als Rechte vorhanden, sind sie in ihrer Ausübung legitim.

Für beide stellen sich insoweit dieselben Probleme. Auch werden die Machthaber *nach* einer mißglückten (wenn auch im Ansatz legitimen) Revolution weder deren noch des damals geleisteten Widerstandes Legitimität an den damaligen verfassungsmäßigen Voraussetzungen der Evidenz des Unrechts und der ultima ratio von Revolutionsrecht und Widerstandsrecht messen (wie es BVfGE 5.85 ff., 376 ff. tut). Die Anerkennung eines geleisteten Widerstands wird offiziell nur nach einer geglückten (also *auch noch danach* „legitimen") Revolution bzw. nach einem anderweitigen Ende des alten Machtapparats erfolgen; es sei denn, das Gericht, das mit den Widerständlern befaßt wird, leiste selber schon jetzt durch deren Exkulpation neuen Widerstand. Beim Revolutions- wie beim Widerstandsrecht geht es immer und nur um *Legitimität* – ihre Verteidigung, ihre Wiederherstellung – und damit nur um den positiv-rechtlichen *Kern* der Verfassungsordnung; geht es nicht einfach bloß um „die Rechtsordnung", wie das Bundesverfassungsgericht im KPD-Urteil annehmen will,[18] sondern genau um die verfassunggebende Gewalt des Volkes.

50.

Hier war durchgehend nicht von der verfassunggebenden Gewalt des Volkes als von einem Sein oder einer abgehobenen Idee die Rede, vielmehr von „verfassunggebender Gewalt des Volkes" als einem Textausdruck; und zwar im Sinn eines Rechts-, nicht in dem eines Ideologietextes.

Weil es dabei um die neuere europäisch-nordamerikanische Verfassungsgeschichte geht und damit typisch um geschriebene Grundgesetze, interessiert „verfassunggebende Gewalt des Volkes" als Bestandteil dieser Urkunden, als Normtext. Dieser ist – mag er auch „nur" in Vorsprüchen oder Präambeln auftauchen – als solcher zu behandeln, und nicht als Dekorationsstück oder als unverbindlicher Programmsatz. Verfassungen dagegen, die sich auf die Gewalt des Volkes zur Verfassunggebung nicht ausdrücklich berufen – die also dieser besonderen Art von Legitimität entbehren –, waren hier kein Thema.

Ist Verfassungsgewalt des Volkes als Normtext positiviert, so verlangt sie zunächst einmal *demokratische Verfahren* des Erarbeitens und / oder Inkraftsetzens der Konstitution. Trotz einer solchen Positivierung entsprach das Vorgehen

---

[18] BVerfGE 5, 85 ff., 377: „Rechtsordnung"; ebd.: „Recht"; S. 378 f.: „Ordnung".

beim Inkrafttreten des Grundgesetzes von 1949 dieser Forderung nicht. Nachgeschobene Rechtfertigungsversuche können die in diesem Sinn fehlende Legitimität nicht aufholen; sie sind Ideologietexte. Andere Möglichkeiten, diesen Mangel demokratisch zu kompensieren, hat das Bonner Grundgesetz bisher nicht entfernt ausgeschöpft.

Zusätzlich zu dieser historisch-punktuellen Legitimationswirkung fordern Normtexte zur verfassunggebenden Volksgewalt auch, daß sich alle Staatsgewalt und ihr Rechtssystem nie vom materialen Verfassungskern der demokratischen Ordnung entfernen. Im Grundgesetz für die Bundesrepublik Deutschland ist die *materiellrechtliche* Wirkung der verfassunggebenden Gewalt des Volkes durch Art. 79 III ausgedrückt.

Die dafür wichtige Unterscheidung von Verfassungskern und Verfassung hat mit jener zwischen „Verfassung" und „Verfassungsgesetz" nichts zu tun. Während diese *Schmitt*sche Vorstellung dem „bloß positiven" Verfassungs"gesetz" die „Verfassung" als „Gesamt-Entscheidung" kraft eines „existierenden Willens", also die dezisionistisch überhöhte Gewaltlage gegenüberstellt, sind in dem hier notierten Konzept sowohl *Verfassungskern* als auch *Verfassung* geltendes Recht. Die nach 1949 gelegentlich vertretene These, mit Art. 79 III habe das Grundgesetz einen zentralen Gedanken der dezisionistischen Schule positiviert, geht an der Sache vorbei. Die dezisionistische „Verfassung" ist keine Norm, ist nicht Verfassungsrecht und schon gar kein Normtext. Art. 79 III ist· dagegen ebenso gewiß geltendes Recht und Normtext wie die durch ihn der Verfassungsänderung entzogenen Art. 1 und 20 des Grundgesetzes. Dagegen hat es sich hier als plausibel herausgestellt, diesen durch Art. 79 III umschriebenen Verfassungskern als materiale Hauptfolge der *positivrechtlichen verfassunggebenden Gewalt des Volkes* zu verstehen.[19]

51.

Eine Notiz *über* diesen Vorschlag: Nicht zuletzt beim Thema der verfassunggebenden Gewalt pflegen sich Positivisten und Antipositivisten die Tatsache, jeweils der Gegenschule anzugehören, erbittert um die Ohren zu schlagen. Natürlich sind die Vorwürfe korrekt; sie kommen von gelehrten Persönlichkeiten. Doch machen sie kaum Sinn. Vor dem Hintergrund einer *post*positivistischen Rechtslehre[19] haben das Pro und das Contra zum alten Positivismus ihr einst hochrangiges Interesse eingebüßt.

Verfassunggebende Gewalt wird hier einmal als *Verfahrensrecht* gesehen, das nicht in seinen Einzelheiten, wohl aber in Ausdrucksformen von „verfassunggebender Gewalt" in der Urkunde – wie beim Grundgesetz – eine textliche

---
[19] Dazu *F. Müller:* Normstruktur und Normativität, 1966.

Stütze haben muß.[20] Wer das als „Positivismus" denunzieren möchte, mag es tun. Für die Frage, wie damit dann beim Erstellen juristischer Entscheidungen zu arbeiten ist, werden auf Begriffe wie „Normtext", „Sachbereich"[21], „Normprogramm" und „Normbereich" zurückgehende Vorschläge wohl nicht als „positivistisch" gelten. Das Streitthema „Positivismus und Antipositivismus" ist nicht mehr, wie etwa noch für die *Schmitt*-Schule, eine Frage ideologischer Positionswahl. Es wird zu einer der tatsächlichen rechtswissenschaftlichen *Arbeitsweise* – und ist damit keine global politisierend sinnvolle Fragestellung mehr.

Entsprechendes gilt auch für „verfassunggebende Gewalt" als *materielles Recht*. Die Konzeption des Verfassungs*kerns* ist nicht prä-konstitutionell. Sie kommt erst dann in Ansatz, wenn „verfassunggebende Gewalt" als Normtext in der betreffenden Urkunde enthalten ist; erst dann stellen sich entsprechende *Rechts*fragen. Und wenn verfassunggebende Volksgewalt vertextet ist und damit in Ansatz kommt, liefert der Kernbestand der Verfassungsfamilie den *Sachbereich* (und nicht etwa schon den Normbereich, weil ein solcher von der genauen Textlage *dieser* Verfassung abhängt) für die in einzelnen Entscheidungsvorgängen zu bildenden Rechtsnormen; dies nach den Vorschlägen einer *post*positivistisch arbeitenden Methodik.

Warum soll nun aber „verfassunggebende Gewalt" nicht als gewohnheitsrechtlicher Kernbestand der Verfassungsfamilie behauptet werden? Warum wird auf ihrer notwendigen Qualität als Normtext bestanden (Gewohnheitsrecht hat wechselnde nicht-amtliche Formulierungen, aber keinen „Normtext")?

Deshalb, weil das sonst auf nicht mehr vertretbare Unterstellungen hinausliefe.[22] Außerdem sind beide Felder nicht deckungsgleich. Die Verfassungsfamilie im Sinn des hier gemeinten materialen Kerns ist die liberal-demokratische. Dagegen geht die „verfassunggebende Gewalt des Volkes" über diesen Umkreis hinaus, umfaßt auch radikaldemokratische, rätedemokratische, schließlich auch noch populistische und cäsaristische Varianten. Mit so (scheinbar einfachen, in Wahrheit) komplexen Ausdrücken wie „Volk" oder seiner „verfassunggeben-

---

[20] „Geben" ist ein selbständiges Tatbestandsmerkmal des hier erörterten Normtextes; s. a. „Beschließen" i. S. von Art. 146 GG. – Zu „Geben" der obige Abschnitt 27.

[21] (Was hier „Sachbereich" heißt, taucht als Term zum ersten Mal in: F. *Müller*, Normbereiche von Einzelgrundrechten in der Rechtsprechung des Bundesverfassungsgerichts, 1968, S. 9 f. auf; näher expliziert wird es dann seit der 2. Aufl. der Juristischen Methodik, 1976. – Das Konzept der Normstruktur insgesamt geht auf unveröffentlichte Aufzeichnungen ab 1962 und vor allem auf graphische Explikationen von 1963 zurück: „Normtext" ist nicht gleich „Norm", „Normbereich", „normativer Leitgedanke"; Anm. d. Hrsg.)

[22] Ein Beispiel: *Steiner*, Verfassungsgebung und verfassungsgebende Gewalt des Volkes, 1966, S. 25 ff., 33, muß verfassunggebende Gewalt als prä-konstitutionelle zur „unerörterten Prämisse" machen, muß sie unterstellen.

den Gewalt" ist sorgsam zu verfahren. Nüchterner Umgang mit positiv gesetzten Normtexten ist Spekulationen von der Art vorzuziehen, die erörterte Volksgewalt sei normtextlos vorgegeben: etwa „naturrechtlich", „immer im Naturzustand", „vorkonstitutionell", „politisch-existentiell" oder eben auch „ungeschrieben-gewohnheitsrechtlich".

Weist eine Urkunde keinen auf verfassunggebende Volksgewalt deutlich hinweisenden Normtext auf, so sind auf diese sich stützende verfahrensrelevante und inhaltliche Rechtsfolgerungen nicht zu ziehen. Die fragliche Verfassungsordnung kann sich (genau genommen natürlich: ihre Repräsentanten, einschließlich der Wissenschaftler, können sich) juristisch, aber auch ideologisch, auch innen- wie außenpolitisch dann eben nicht auf *die* besondere Art von *Legitimität* berufen, die mit einer Abstützung in verfassunggebender Gewalt des Volkes verbunden ist. Es ist das gleichsam der Preis, den sie für die Nicht-Positivierung dieses Teils demokratischer Tradition zu entrichten hat.

Enthält eine Urkunde dagegen einen entsprechenden Normtext (oder mehrere), so kann sie sich auf dieses Stück „mehr" an Legitimität berufen. Dann ist allerdings der darin bestehende Preis zu zahlen, daß diese Normtexte auch praktisch als solche behandelt werden müssen, statt als (leichter bewegliche, noch leichter zu verbiegende) Ideologietexte verfügbar zu sein.

„Verfassunggebende Volksgewalt" ist hier also nicht ontologisch gesehen; auch nicht etwa gemäß gewissen eingängigen Neo-Ontologismen des Jahrhunderts als Ur"kraft", als „Wille", als „Entscheidung". Sie ist als sprachlicher Ausdruck zur Kenntnis genommen; nach dem hier entwickelten Vorschlag muß sie ein schriftlicher sein (ein Normtext), will man sich rechtswissenschaftlich mit ihr befassen. Verfassungstheorie ist eines der Felder von Rechtswissenschaft.

IV. Das Ungelöste

52.

Drei Stichwörter fassen gemeinsam die hier begründeten Anforderungen zusammen, die eine als positives Recht genommene verfassunggebende Gewalt des Volkes stellt: *Vertextung – Verfahren – Verfassungskern.* Aber auch wenn sie respektiert werden, füllt dies das mit dem Ausdruck „verfassunggebende Volksgewalt" eröffnete Programm noch nicht aus.

Diese bisherigen Notizen zur verfassunggebenden Gewalt sind fragmentarisch; mit schmerzender Präzision entsprechen sie darin ihrem Gegenstand. Sogar als Rechts-, als Normtext und selbst wenn die drei Hauptforderungen erfüllt sind, bleibt diese Gewalt ein Bruchstück.

Das Fragment eines Fragments ist weit entfernt vom Ganzen. Dialektik stellt sich nicht ein; nicht die auf dem Papier. Die in den Dingen dagegen, die Dialektik im Vorgang, ist noch nicht am Ende. So lange es die reale Geschichte noch nicht müde wird, uns aufzuheben, so lange hebt sie uns auch noch Überraschungen auf. Nicht einmal die globalen Katastrophen, die anstehen, verhindern diese Möglichkeit ganz und gar. Vieles von dem, das uns an den Rand treibt, und über den Rand des Sterns Erde hinaus, könnte behebbar werden, bekämen die menschlichen Gruppen sich erst einmal selbst in die Hand.

Was immer „das Volk" bisher an Verfassunggebung in Angriff nahm, hatte mehr vermittelten als unvermittelten Charakter, war eher Symbol als Realität. Sogar beim hier erörterten positivrechtlich gestützten *Verfahren,* eine Verfassung demokratisch auszuarbeiten und / oder in Kraft setzen zu lassen, bleibt es zum einen bei der Vermittlung (ausgearbeitet wird durch ein Gremium von Volks*vertretern*), und ist zum andern das Plebiszit über die Annahme des Verfassungstexts jeder der bekannten und geübten Formen der Manipulation offen. Selbst bei einer Vorbereitung der Verfassung durch „das" Volk im Sinn einer langen und breit organisierten Diskussion in der Bevölkerung bleibt es bei der Struktur „Repräsentation": Fachbarrieren, sowie das Problem der grundsätzlichen Inertie „des" Volkes. Auch dann also, wenn es gelänge, den Begriff „Volk" dank entsprechender Vorschriften und Verfahren von Diskriminierung freizuhalten, und wenn dank der genannten demokratischen Vorbereitung, Ausarbeitung und Inkraftsetzung eines Staatsgrundgesetzes das „Geben" real sein könnte, nicht mehr nur symbolisch – sogar dann bliebe die erörterte Apathie mit ihren auch durch Politisierung nicht zu beseitigenden (höchstens durch –

IV. Das Ungelöste

illegitimen! – Terror unterdrückbaren) Ursachen ein grundsätzliches Hindernis für ein „Geben", das diesen Namen verdiente. Apathie, Inertie wachsen im *Großverband*, wie überhaupt die durch Großorganisation geschaffenen Probleme (Formalität, Abstraktion, zunehmende Entfernung der Normen und Institutionen gegenüber den betroffenen Menschen, „Entfremdung") sich qualitativ, nicht nur quantitativ von den Verhältnissen in Primärgruppen oder in Kleinverbänden unterscheiden.[1]

Ist verfassunggebende Gewalt des Volkes dann überhaupt *möglich*? Ist es wissenschaftlich sinnvoll, sie einzufordern, ihrem Ausbleiben nachzutrauern? *Kann sie, wo überhaupt, nicht nur in so herabgestuft und larviert vermittelten* Formen auftreten, daß sie jedenfalls als *Gewalt* nicht aktuell (actus) erfahrbar sein wird? Fehlt ihr nicht so sehr ein in der Dauer konsistent handlungsfähiges historisches Subjekt („das" Volk), daß es Idealismus bleiben muß, ihr *Geben* zu erwarten? Also zu erwarten, es gebe vielleicht einmal, überschaubar begrenzt und genossenschaftlich verdichtet, eine Gesellschaft, *in der die verfassunggebende Gewalt nicht länger Fragment bleibt, und ein Volk, das diese Fragestellung nicht mehr nötig hat;* zu erhoffen, es könne einmal eine Zeit geben, in der diese Volksgewalt, da nicht mehr der Texte bedürftig, doch mehr sein könnte als eine Täuschung durch das Führungspersonal, eine Illusion der Geführten oder ein positivrechtlich kleinster Nenner. Historisch zurück geblickt, haben segmentäre Gesellschaften und sonstige genossenschaftlich strukturierte Verbände, hätten *Rousseaus* urdemokratische Kleinstaaten oder hätten funktionierende Rätemodelle Normtexte über solche Gewalt des Volkes nicht nötig gehabt: das Volk „nimmt sich selbst in die Hand".

Vielleicht geht die Tendenz der Zukunft nicht ausschließlich und nicht für immer in Richtung auf Groß- und Größtverbände. Vielleicht kehrt sie sich auch einmal um, läßt politische Macht sich mehr und mehr nicht nur in *bundesstaatliche*, sondern auch in *regionale* und *munizipale* Teil- bzw. Kleinstrukturen dezentralisieren. Dann könnten sich Chancen eröffnen, der verfassunggebenden Gewalt des Volkes den ideologischen *Überschuß,* der ihr auch neben dem Konzept „Vertextung – Verfahren – Verfassungskern" immer noch bleibt, auszutreiben. Ausschließen jedenfalls läßt sich das nicht – außer für hegelianische Geistmetaphysik, die in den Groß- und Megaverbänden das qualitative Ende der Geschichte bzw. außer für sonstige heilsgeschichtliche Erwartung, die in ihnen, der Erfahrung zuwider, unser Heil erblicken möchte.

Wo und solange die „verfassunggebende Gewalt" eine Funktion hat, dort ist sie unvermeidlich immer auch Postulat (im Sinn von Verfassungstext, Verfas-

---

[1] Daß *Marx* und *Engels* das Problem der Großorganisation – wie auch das politischer Herrschaft – nicht als eines der Basis behandelten, macht einen Teil des ins Irreale ausweichenden *Idealismus* ihres Konzepts aus.

IV. Das Ungelöste

sungstheorie, Verfassungsprogramm, Verfassung als Rechtfertigung) und nicht einfach verfassender Wirkfaktor, nicht *so* verfaßte Realität. Auch wo sie Normtext ist und die hier begründeten normativen Folgen hat, bleibt sie – wegen ihrer Fragmentnatur – *auch noch* Ideologietext. Es ist zu befürchten, daß sie gerade als solcher besonders erfolgreich Konsens beschafft: „La servitude abaisse les hommes jusqu'à se faire aimer". Wo und sobald sie dagegen in der Realität da wäre, wäre sie „fragmentarisch" im neuen Sinn: insoweit, als sie in Verfassungstexten nun nicht mehr gebraucht würde.

„Verfassunggebende Gewalt" trat in der Geschichte als ideologischer Name an, als Ideologie des Staates des Bürgertums. Sie meinte ja auch nicht Selbstbestimmung des Volkes, sondern „Verfassung(!)gebung" eben nach der Art des (vermittelnden, abstrahierenden) bürgerlichen Staatsapparats. Wo das Volk sich dagegen eine Realitätsverfassung geben, also sich selbst bestimmen könnte, wäre die *ideologische Verwendung* obsolet; auch insoweit, als sie noch die hier festgehaltene *positivrechtliche Verwendung* der Formel weiterhin wie ein Schatten begleitet.[2]

Ist es überhaupt noch erlaubt, angesichts der globalen Lage, solchen Gedanken nachzugehen? Das Überleben der Menschengattung ist alles andere als sicher: die offenbar unaufhaltsame Übervölkerung, das Veröden riesiger Nutzflächen, die Degradierung von Klima, Luft und Wasser, das Aufbrauchen lebenswichtiger Energie- und Rohstoffreserven, die Gefahr kriegerischer Selbstauslöschung sind wahrhaft größere Sorgen, die wir uns zu machen haben. Perspektiven wie die einer planetarischen Ameisenstaatlichkeit oder, als Novität im einheimischen Sonnensystem, eines verstrahlten Massengrabs, sind schon weit weniger *fiction,* als es uns lieb sein kann.

Bei all dem und trotz all dem gelten diese Überlegungen zu einer wirklichen Gewalt des Volkes, sich zu verfassen, einer Zukunft, in der und für die sie nicht sinnlos gewesen sein sollen. Wissenschaft ist Handeln, und die durch Wissenschaft Handelnden sind verantwortlich. Wären solche Überlegungen nicht mehr erlaubt, dann könnten die „Human"wissenschaften die Werkstatt schließen. Daß wir unsere (und der anderen lebenden Wesen) Lebensbedingungen zerstören, wächst nicht aus dem Boden und fällt nicht vom Himmel. Wir machen es selbst, und die Art unserer gesellschaftlichen und politischen Organisation spielt bei diesem Desaster eine entscheidende Rolle. Ausbeutung von Mensch und Natur, Unterdrückung von Natur und Mensch, Ausrottung von beiden: Abstraktion, Aggression, Profit als der Krebs, der die Welt zerfrißt,

---

[2] Mit der verfassunggebenden Volksgewalt verhält es sich wie mit dem „Hemd des Zufriedenen" in der persischen Parabel: Wo eine Verfassung gebraucht wird, ist es mit ihrem realen Geben durch die betroffenen Mitglieder des Großverbandes schon aus. Und wo das anders wäre, würde eine Verfassung darum nicht mehr gebraucht.

sind *jedenfalls auch* Äußerungsformen unserer entfremdeten Großverbände. Je größer und abstrakt-bürokratischer die Staaten, desto riesiger werden die angehäuften Gewalt- und Destruktionspotentiale und desto verheerender können diese auch genutzt werden. Zentralisierte Gewalt- und Technikkomplexe wirken auf die Möglichkeiten von Demokratie als Volks*herrschaft* unheilvoll zurück. Die Verfechter realer Menschenrechte kämpfen, beurteilt im Weltmaßstab, mit dem Rücken zur Wand. Die Rechts- und Freiheitsgarantien von immer mehr Staaten stehen nur noch auf dem dafür bereitgestellten Papier. Immer weniger Gesellschaften kennen freie Presse, freien Rundfunk, freie öffentliche Diskussion, immer mehr dafür Folter und anderen Terror. In immer weniger Staaten hat das Volk eine tatsächliche Chance, die Herrschaft auszuüben, die ihm durch Ideologie- wie durch Rechtstexte zugeschrieben und die zugleich in der Praxis ohne, gegen das Volk ausgeübt wird. Immer wieder einmal werden die Völker gerade beim „Geben" einer autoritär oktroyierten Verfassung durch das Abspulen kognitiv wie volitiv unfreier Referenda noch um das wenige betrogen, was durch Verfahren und Entscheidung verwirklicht werden könnte. So groß ist das Leiden von immer mehr Völkern unter Mangel, Unrecht und Angst, unter alltäglichem Verhungern und Vergiftetwerden und der Perspektive der endgültigen Vernichtung für alle, daß es als Luxus erscheinen mag, wenn sich Theorie um eine endlich wirkliche Selbstorganisation des Volkes, um seine in der Dauer reale verfassunggebende Gewalt sorgt. Aber jenes ist nicht unabhängig von dieser, das immer globalere Unglück profitiert von ihrem Ausbleiben. Es gibt kein Recht zur Flucht vor der Anstrengung, die darin besteht, gegen das Verzweifeln und seine Gründe arbeitend Widerstand zu leisten. *Nur um der Hoffnungslosen willen ist uns die Hoffnung gegeben.*[3]

Schon ein noch so unvollständiger ehrlicher Text zur verfassunggebenden Volksgewalt läßt jedenfalls *deren eigenen Fragmentcharakter* zum Vorschein kommen. Sich selbst abschließende (und sich so Autorität anmaßende) Traktate über das Thema werden dagegen die verfassunggebende Gewalt des Volkes als die offene Wunde der bürgerlich-demokratischen Staatenwelt um jeden Preis schließen, werden den Gegenstand professionell „integrieren" und damit die Rede von einer verfassunggebende Gewalt *des Volkes* in den Boden, auf dem Verfassung sich erhebt, zurückstampfen müssen. Eine ehrliche Befragung zu dem, was diese Gewalt denn nun, da die bürgerlichen Verfassungstexte auf den Ausdruck inzwischen nicht mehr verzichten wollen, vielleicht doch noch bedeuten könnte, was „verfassunggebende Gewalt des Volkes" uns vielleicht noch zu sagen haben wird, kann noch nicht auf geschichtlich absehbare Verhältnisse hinweisen, in denen eine derartige Volksgewalt mehr sein wird als ein Bruchstück.

---

[3] Mit diesem Satz hatte *Walter Benjamin* seinen Essay „Goethes Wahlverwandtschaften" zu Ende geführt.

IV. Das Ungelöste

Bedenkt man, was alles die Berufung auf eine solche Gewalt bewirken könnte, und was sie, andererseits, von den dominierenden constituent groups her bewirken soll, so ist die Aufnahme dieser Formel in die modernen Verfassungen eine Zumutung. Eine Zumutung war allerdings auch die *Gottes*gnadenformel in den oktroyierten Urkunden des frühen Konstitutionalismus gewesen. Anders als diese, die mangels eines ernst gemeinten geschichtlichen Spielfeldes nicht weiter verfolgt, sondern nur demütig geschluckt werden konnte, sollte jene, die auf das *Volk* verweist, durch unsere weitere Geschichte verfolgt werden, bis die Volksherren, vielleicht, einmal müde geworden sind.

Auch als *Rechts*(statt als Ideologie-)*text* genommen, hat „verfassunggebende Gewalt des Volkes" noch nicht die überkommenen Besitzverhältnisse abstreifen können: Eigentum des Volkes, wird sie trotzdem nur von denen in den Mund genommen, die damit *ihren* Staat rechtfertigen. Immer noch ist sie ein Text der Herrschenden; noch immer ihr Zweckbegriff; und noch nicht der des Volks zu dem Zweck, sich selbst zu organisieren. Vielleicht wird es möglich werden, daß eines Tages das Volk (eine in sich differente, gemischte, gruppierte, aber gleichheitlich und undiskriminiert organisierte Vielheit) den Text über seine Verfassungsgewalt noch in Besitz nimmt.

Printed by Libri Plureos GmbH
in Hamburg, Germany